企业创业与守业战略

QIYE CHUANGYE YU SHOUYE ZHANLUE

唐雄山　著

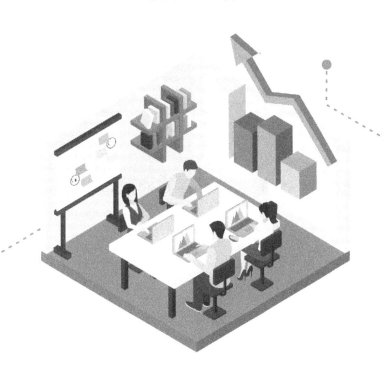

·广州·

版权所有　翻印必究

图书在版编目（CIP）数据

企业创业与守业战略／唐雄山著. -- 广州：中山大学出版社，2024.3.
ISBN 978-7-306-08201-5

Ⅰ.F272

中国国家版本馆 CIP 数据核字第 2024WS2290 号

出 版 人：王天琪
策划编辑：王　璞
责任编辑：王　璞
封面设计：曾　斌
责任校对：吕肖剑
责任技编：靳晓虹
出版发行：中山大学出版社
电　　话：编辑部 020-84110283，84111996，84111997，84113349
　　　　　发行部 020-84111998，84111981，84111160
地　　址：广州市新港西路 135 号
邮　　编：510275　传　真：020-84036565
网　　址：http://www.zsup.com.cn　E-mail：zdcbs@mail.sysu.edu.cn
印 刷 者：广东虎彩云印刷有限公司
规　　格：787mm×1092mm　1/16　12.25 印张　235 千字
版次印次：2024 年 3 月第 1 版　2024 年 3 月第 1 次印刷
定　　价：45.00 元

如发现本书因印装质量影响阅读，请与出版社发行部联系调换。

佛山大学出版基金资助

作者简介

唐雄山，男，湖南祁阳人，1964年4月生，博士，教授，现任教于广东佛山大学，长期从事哲学、管理学、组织行为学、战略管理、工商管理前沿、社会学等的教学与研究。提出并构建了人性平衡理论、人性组合形态理论、心理情感能量场理论。出版的著作（独著与作为第一作者合著）有《贾谊礼治思想研究》《老庄人性思想的现代诠释与重构》《人性平衡论》《人性组合形态论》《组织行为动力、模式、类型与效益研究——以佛山市妇联为主要考察对象》《社会工作理论与方法本土化——妇联参与社会治理及典型案例点评》《组织改革与创新——以佛山市社区（村）妇代会改建妇联为研究样本》《组织行为学原理——以人性为视角》《现代管理学原理》《湛若水的治国之道》《家庭心理情感能量场研究》《企业心理情感能量场》。在《孔子研究》《江汉论坛》《文化中国》《中华文化论坛》《江西社会科学》等刊物公开发表学术论文50多篇。

内 容 简 介

从创业与守业战略的角度来看，企业的发展可分为六个阶段：创业阶段、发展阶段、壮大阶段、强盛阶段、鼎盛阶段、延续鼎盛阶段。每一个阶段都存在创业与守业的问题，两者互相渗透、互为依托。企业在不同的发展阶段，会面临不同的机遇与挑战，有着不同的使命，因而应根据不同的战略态势采取战略行动，而且在同一战略态势之下存在不同的战略类型。战略决定了企业创业与守业的成功或失败。本书是各种类型企业家的枕边读物，亦是各类管理学者、管理学科学生的重要参考著作。

前　言

创业维艰，守业更难。关于创业守业，中国古代的经典著作提供了大量的智慧，其中，《易经》更是提供了系统的企业创业与守业的理论与操作方法。

《易经》成书于西周时期，据传是周文王所作。由于《易经》深奥难懂，因此先秦时期便出现了对其详加解释的《易传》，据传是孔子及其弟子所作。《易经》《易传》被合称为《周易》。汉代以降，作为儒家经典的《周易》极受重视而被不断加以研究，又形成了专门的"易学"。本书研究回到本源《易经》，《易传》只作参考之用。

本书的表述模式（路径）为：①列出卦的原文，根据笔者的理解对原文重新进行标点与断句；②根据笔者的理解对卦的关键字与词进行解释；③对《易经》六十四卦的卦辞、爻辞进行现代诠释与重构，详细阐述其创业与守业理论及具体的操作方法；④每一节后提供现代案例以拓展阅读者的思维。

由于独特的视角与切入点，本书除了可供"易学"爱好者参考、学习之外，也是各类各级管理者、管理学科的本科生及研究生学习、参考的重要文献，对个人的为人处事亦有重要指导与启发的价值，更可作为各种类型企业家的枕边读物。

目　录

导　论 ··· 1

第一章　创业阶段 ··· 7
　　第一节　创业之初 ·· 8
　　第二节　与利益相关者关系的处理 ························· 21
　　第三节　财富的积累与制度化 ······························ 32
　　第四节　企业初定及其维持战略 ··························· 38

第二章　发展阶段 ··· 49
　　第一节　发展战略 ··· 50
　　第二节　积弊的清除与文明化 ······························ 57
　　第三节　反噬及其应对战略 ································· 68
　　第四节　人力资源战略与财富分配战略 ·················· 76

第三章　壮大阶段 ··· 85
　　第一节　快速发展的困境及其应对战略 ·················· 86
　　第二节　坚守与逃离 ··· 95
　　第三节　开拓与壮大 ··· 100

第四章　强盛阶段 ·· 105
　　第一节　挫折及其应对战略 ······························· 106
　　第二节　奉献与回报 ··· 117
　　第三节　走向强盛 ·· 122

第五章　鼎盛阶段 ·· 133
　　第一节　改革创新战略 ······································ 134
　　第二节　走向鼎盛 ·· 154

第六章　延续鼎盛阶段 …………………………………………… 161
　　第一节　扩张战略 ………………………………………… 162
　　第二节　节制与中道 ……………………………………… 171
　　第三节　保持清醒的头脑 ………………………………… 178

参考文献 …………………………………………………………… 184

后记 ………………………………………………………………… 186

导　　论

创业与守业是一个战略性问题，《易经》可以说是中国历史上第一部关联创业与守业的战略巨著。

周文王是一个伟大的战略家，他在狱中利用乾、坤二卦进行战略自我对话。这一战略自我对话是《易经》的总纲，奠定了《易经》宏大战略擘画与战略叙事的基础。虽然《易经》成书于商末，但是书中提出的问题及所论述的规律具有普遍性与超越性。

一、乾（☰）坤（☷）战略对话原文

乾曰：乾[1]，元[2]亨[3]，利贞[4]。

坤曰：坤[5]，元亨。利牝马之贞。君子有攸往，先迷，后得主利（贞）；西南[6]得朋[7]，东北[8]丧朋。安[9]贞，吉。

乾曰：潜龙，勿用。

坤曰：履霜，坚冰至[10]。

乾曰：见龙在田，利见大人[11]。

坤曰：直、方、大，不习[12]无不利。

乾曰：君子终日乾乾，夕惕若厉，无咎。

坤曰：含章[13]可贞，或从王事，无成有终。

乾曰：或跃在渊，无咎。

坤曰：括囊[14]，无咎无誉。

乾曰：飞龙在天，利见大人。

坤曰：黄裳[15]，元吉。

乾曰：亢龙有悔。

坤曰：龙战于野，其血玄黄[16]。

乾曰：用九[17]，见群龙无首，吉。

坤曰：用六[18]，利永贞。

二、关键字、词的解释

[1] 乾（qián）：卦名，《易经》六十四卦之第一卦，主卦客卦都是乾卦，卦象是天。《象》曰："天行健，君子以自强不息。"乾卦主显、强、健、阳、刚、动、进。乾卦是《易经》总纲阳的部分，其六爻分别是事物发展的六个阶段。从企业或国家的角度来看，则分别是六个战略阶段，是宏大的战略擘画与战略叙事的基础与前提。《彖》曰："大哉乾元，万物资始，乃统天。云行雨施，品物流形。大明终始，六位时成。时乘六龙以御天。乾道变化，各正性命。保合大和，乃利贞。首出庶物，万国咸宁。"

[2] 元：原始，原初，起始，大，非常。在此解为原动力。

[3] 亨：亨通，顺利。

[4] 利贞：有利于长期坚守（坚持）德性或事业。贞，长期坚守、坚持。

[5] 坤：卦名，《易经》六十四卦之第二卦，主卦客卦都是坤卦，卦象是地。坤卦主隐、静、厚、柔、阴、顺、承、包、容、宽、广、忍、让、退。坤卦是《易经》总纲阴的部分，其六爻针对事物发展六个阶段的特性与问题，提出应对战略，是宏大的战略擘画与战略叙事的实质性纲领与内容。《彖》曰："至哉坤元，万物资生，乃顺承天。坤厚载物，德合无疆。含弘光大，品物咸亨。牝马地类，行地无疆，柔顺利贞。"《象》曰："地势坤，君子以厚德载物。"《文言》曰："坤至柔而动也刚，至静而德方，后得主而有常，含万物而化光。坤道其顺乎，承天而时行。"

[6] 西南：喻指平、顺、易。在后天八卦图中，西南为坤。

[7] 朋：古代钱的单位，指很有价值的东西或人。李镜池说："朋，朋贝。货币起先用贝，贝十枚一串为朋。"

[8] 东北：喻指险、逆、难。在后天八卦图中，东北为艮。

[9] 安：安定，安稳，稳定。这里指相对稳定、和谐、平衡的环境。《老子》说："治大国若烹小鲜。"用今天的话来说：不要瞎折腾。

[10] 履霜，坚冰至：脚踩白霜，便知坚冰将至。暗指体道明理，修性养德，不可急躁。亦暗指事物由小到大、由少到多、由弱到强的发展过程。还指人做事只要坚持，不断实践，就会取得成功。"履霜，坚冰至"也有知行合一之意。

[11] 利见大人：见，现，出，出现。大人，有才、有德、有位之人。

[12] 直、方、大，不习：直、方，即无妄。大，即谦。不习，即不刚愎

自用。用现代的话来说，就是构建良好的价值观。直、方、大、不习是一种心理情感能量，是一种力，是一种势，是企业心理情感能量场运行的原动力。直、方、大、不习，是名词，也是动词。作为动词兼名词，直、方、大、不习，就是《大学》中所谓的"明明德"。唯有如此，企业才能磨炼出一个或一批伟大的人。作为名词，直、方、大、不习是"明德"的指代。

[13] 含章：章，文章、规章，制度规范，即礼法。含章，即坚守、敬畏制度规范。

[14] 括囊：慎言或不言，隐藏自己。在渊，方可姤而萃。萃，括囊人才。括，收束，扎紧。囊，布袋。

[15] 黄裳：王弼说："黄，中之色也。裳，下之饰也。"裳，即裙、裤。周人以黄裳为吉祥、尊贵之物。黄裳，穿黄裳，着黄裳，即经过艰难的努力之后，得偿所愿，德、才、功与位相配。元吉：完满吉祥。

[16] 龙战于野，其血玄黄：是为大战。其血玄黄，形容战斗之惨烈。玄黄，血流貌，借为泫潢，谓血流得多。

[17] 九：阳、刚、强、武、上、逆、刑、情、外、夺。用九，乾卦特有的爻题。汉帛书《周易》作"迥九"。迥，通。用九即为通九，犹言六爻皆九。九属阳性。

[18] 六：阴、柔、弱、文、下、顺、礼、理、内、让。实指体大道、明大理、"明明德"、括囊。体大道、明大理、"明明德"、括囊，谋大势也。君子谋势不谋力。

三、现代诠释与重构

乾说：乾，就是干、做、运行，而且要不停地干、做、运行，即自强不息。因此，乾，为企业心理情感能量场提供原动力，使企业亨通、顺利，有利于企业长期坚守自己的事业，有利于企业长期生存与发展。

坤说：坤，就是宽厚、承顺、体道明理。坤，为企业心理情感能量场提供原动力，使企业亨通顺利。坤，有利于企业坚守正道，有如母马一样坚守自己与生俱来的德性。如此，企业才能招揽有才有德之人。刚开始，有才有德之人可能会怀疑、迷惑，但随着时间的推移，便会心服口服。如此，有利于企业的生存与发展。企业要获得成功，必须先易后难、先小后大、先简后繁、先平后险、避实就虚、避强就弱。企业需要有一个安定、平衡的环境，如此，方可长期坚守自己的事业；只有长期坚守自己的事业与应有的德性，方可获得吉祥。

乾说：企业刚刚成立，力量弱小，成不了什么大事，得不到社会的关注。

坤说：体道明理，坚守自己的事业，脚踏实地，终会取得成功。道，天地运行之道，人间社会运行之道，事物的生命周期之道。理，由微至著之理，由弱至强之理，由小至大之理，由薄至厚之理。企业只要体道明理，脚踏实地，坚守自己的事业，不断实践，就会由小变大，由弱变强，最终取得成功。

乾说：企业度过了艰难时期，有了一定的实力，有如龙在田野（出渊入田），若隐若现。此时，有利于磨炼出有德、有才、有位之人。

坤说：直、方、大、不习，即"明明德"，使"明德"在企业心理情感能量场中取得主导或支配性地位，企业才能磨炼出一个或一批伟大的人，才能无往而不利。

乾说：企业进一步发展，实力进一步增强，渐入轨道，有如龙"出田在衢"，为社会所知，为世人所见。此时，企业领导者努力不止，奋斗不息；小心谨慎，如遇巨险，心存警惧。如此，便不会留有后患。

坤说：坚守、敬畏各种法律与制度规范，企业方可长期生存与发展。坚守、敬畏法律与制度规范，与政府（部门）打交道，即使无所成就，也会有好的结果。坚守、敬畏法律与制度规范具有重大的战略意义。

乾说：企业发展受到严重挫折与打击，没能一跃飞天，只能一跃入渊，没有过错。

坤说：谨言慎行，隐藏自己；招贤纳士，积蓄力量；尽可能做到"无可指摘，无可赞誉"。集中时间、精力、资源、力量解决企业自身存在的问题与困境。

乾说：企业经过长期的休养生息，积蓄了巨大的力量，抓住机遇，一飞冲天，发展到鼎盛时期。这个过程有利于磨炼出有才、有德、有位的伟人。

坤说：得偿所愿，位与德、才、功、绩相配，方可大吉。

乾说：企业过度扩张，各种问题不断涌现，企业应时刻保持高度的警惕。

坤说：大企业之间的竞争惊天动地，旷日持久，惨烈异常。企业必须保持战略定力，战争不可轻启。

乾说：企业要自强不息，奋发向上。大企业之间互相拼杀，群龙无首，把握良机，吉祥。

坤说：体大道，明大理，"明明德"，谨言慎行，广纳贤才，以谋大势，才有利于企业长期生存与发展。

四、乾坤战略对话的内容

从上述乾坤对话的原文、关键字与词的解释及现代诠释与重构来看,乾坤战略对话主要包括以下四个方面的内容。

(一) 企业发展的阶段

乾坤对话阐述了企业发展的六个阶段:创业阶段(潜龙在渊阶段)、发展阶段(见龙在田阶段)、壮大阶段(惕龙在衢阶段)、强盛阶段(跃龙在渊阶段)、鼎盛阶段(飞龙在天阶段)、延续鼎盛阶段(亢龙有悔阶段)。企业的每一个发展阶段都有着与其他阶段不同的特点,因而战略使命与战略任务各不相同,每一个阶段都存在创业与守业的问题。后面各个章节将会对此进行详细的分析与阐述。

(二) 战略态势

企业在发展战略的六个阶段处于六种不同的战略态势。这六种战略态势的核心特征与内容就体现在乾坤之间的对话之中。在乾坤对话中,乾陈述战略态势的前提条件与基础,坤则阐明战略态势的内容、本质与特征。在每一种总的战略态势之下,可能包含了多种战略类型,如探索战略、发展(扩张)战略、维持战略、撤退战略、收缩战略、放弃战略、人才战略、财务战略、联盟战略、休养战略、混合战略等。后面各个章节将会对此进行详细的分析与阐述。

(三) 战略力量

乾坤之间的战略对话,实质上是两种战略力量之间的对话。乾的力量表现为阳、刚、强、健、武、上、逆、刑、情、外、夺等。坤的力量表现为阴、柔、弱、缓、文、下、顺、礼、理、内、让、宽、厚等。这两种战略力量在不同的战略阶段形成不同的组合形态,进而产生不同的战略态势与战略类型。不同的战略态势与战略类型推动企业采取不同的战略措施与战略行为。

(四) "理想的"心理情感能量场的构建

企业之间的战略较量,归根到底是心理情感能量场之间的较量。乾所代表的阳、刚、强、健、武、上、逆、刑、情、外、夺等,坤所代表的阴、柔、弱、缓、文、下、顺、礼、理、内、让、宽、厚等,在本质上是两种不同类型的心理情感能量。因此，创业与守业的核心与根本就是构建"理想的"心理情感能量场。在"理想的"心理情感能量场中，某一个或某一种心情感能量会取得相对主导性的地位，促使场内成员形成相应的心理结构与心理态势，推动场内成员采取相对一致的行为，为实现企业战略目标提供动力。除了乾、坤两卦外，其余六十二卦中的每一卦都是独特的心理情感场，都有其独特的主导性心理情感能量。乾、坤两卦共同构成一个心理情感能量场，在这个场中，两股力量进行战略对话与战略擘画。

第一章　创业阶段

乾曰：潜龙，勿用。
坤曰：履霜，坚冰至。

第一节　创业之初

一、屯（☷）

（一）卦的原文

卦辞：屯[1]，元亨，利贞。勿用，有攸往，利建侯。

初九：磐桓[2]，利居贞，利建侯。

六二：屯如邅如[3]，乘马班如[4]，匪寇婚媾[5]。女子贞不字[6]；十年乃字。

六三：即鹿无虞[7]，惟入于林中；君子几[8]，不如舍。往吝。

六四：乘马班如，求婚媾，往吉，无不利。

九五：屯其膏[9]，小贞吉，大贞凶。

上六：乘马班如，泣血涟如[10]。

（二）关键字、词解释

[1] 屯：屯（zhūn）卦，是《易经》六十四卦第三卦。屯卦的主卦是震卦，客卦是坎卦。震卦的卦象是雷，"春雷一声惊万物"，震卦代表事物新生。这个卦是异卦（下震上坎）相叠，震为雷，喻动；坎为雨、为水，喻险。雷雨交加，险象环生，环境恶劣。万物始生，充满艰难险阻，然而顺时应运，必欣欣向荣。

屯，屮（chè）部，草木刚长出来的样子，上面一横象征土地，底下弯钩像草木根的弯曲，即象征草木初生，艰难地钻出土地，尚未伸展成形。《说文》："屯，难也，象屮木之初生，屯然而难。从屮贯一。一，地也，尾曲。"

屯卦，喻事物新生，必经风历雨，才会不断成长。人的出生、组织的诞生，万事开头难，必经艰险，才能成长。屯，有囤聚之意。新生事物的出现，需要长时间能量的聚集方可成功。

从企业战略的角度来看，屯卦陈述了企业诞生的艰难历程，论述企业这个平台的重要性，提出了在屯卦阶段应坚守的原则，指出了在屯卦阶段应注意的问题。企业只要坚守正道，脚踏实地，持之以恒，奋发进取，就终能成长为参天大树。

[2] 磐桓：磐（pán），大石，磐石。桓（huán），古代立在城郭、宫殿、官署、陵墓或驿站路边的大木柱，如桓表。磐桓，喻指坚实的基础与支撑。

[3] 邅（zhān）如：艰难前行的样子。

[4] 班如：小心谨慎、反复徘徊的样子。亦指困难重重。

[5] 匪寇婚媾：匪（fēi），非的意思。寇，敌人，有进犯之意。婚媾，婚嫁迎娶，意指合作（者）、联盟（者）。

[6] 字：许配之义。

[7] 即鹿无虞：即，就的意思，此处指追逐。鹿，猎物，泛指诱惑。虞（yú），准备、防范、料想。虞，亦指古代管理山林的官名。《象》曰："即鹿无虞，以从禽也。君子舍之，往吝，穷也。"

[8] 几：反复思考、审视，以权衡利弊。君子几：朱熹注为"君子见几"，即君子看见其中的危机。另解：几（jī），接近，达到。

[9] 屯其膏：屯（tún），聚集，集中，独占。"膏"，指脂肪、油脂，又指肥沃的土壤。此处泛指财富、权力、地位、名誉等。屯其膏，指独占财富、权力、地位、名誉等。《象》曰："屯其膏，施未光也。"意指财富、权力、地位、名誉等没有合理地分割与分配。

[10] 泣血涟如：后悔貌、痛苦貌。

（三）现代诠释与重构

卦辞：经过反复酝酿与思考，经过长时间能量的聚集，经过长时间艰难努力，企业终于诞生。只要坚守正道，企业就会获得原动力，就会亨通顺利，有利于企业长期生存与发展。企业刚刚建立，资源少、力量小，不会引起人们的注意与重视，无法对社会发挥重要的作用。但是，有了企业这个平台，有了正确的价值观、宗旨与目标，就会吸引人才前来，有利于人们建功立业。

初九：企业在建立之前，要充分分析宏观、中观与微观环境，充分分析自身的资源与力量，围绕做什么、为什么做、什么时候做、在哪里做、与谁一起做、如何做，这六个问题，对自身的优势与劣势、对外部的机遇与挑战进行充分的分析与论证，确立企业正确的价值观、宗旨、战略目标，制定战略规划，有如小苗破土之前，先将众多的根系牢牢地扎入土壤之中，以获得牢固的基础与支撑并从中汲取营养。如此，企业的基础与支撑就会坚如磐石，有利于企业的稳定与和谐，有利于企业长期坚守自己的事业，有利于企业成员建功立业。

六二：企业如同春苗一样艰难地、慢慢地成长。此时，有人小心谨慎地接近企业，此人不是敌人，而是寻求合作的人。企业长期找不到合适的合作者，但只要坚守正道，积极行动，迟早会找到合适的合作者。有如坚守贞操的女子，长期待嫁闺中，最终会得到佳配。

六三：企业在发展的初期，会面临许多诱惑（机会）。企业在面对诱惑时，必须反复思考与权衡，坚守阵地，抵制诱惑，不能在毫无准备的情况下进入未知领域。要果断放弃不属于自己的机会，否则，后悔莫及。

六四：企业的组织结构已经构建了起来，人员也已经配备，有了自己的技术、产品、服务与市场，但依然发展缓慢，这时，需要有合作者。可以积极主动、小心谨慎地寻找合作者。对于主动上门的合适的合作者，要想方设法达成协议，促成合作。如此，吉祥，无往而不利。在企业成长、发展、壮大的过程中，企业需要战略联盟，需要借势、造势、用势。

六五：权力、财富、名望、地位是由企业成员共同创造出来的，需要在适当的时机进行合理的分割与分配。短期内不分割不分配可能对企业发展有好处，长期不分割不分配则有大凶。《大学》言："财聚则人散，财散则人聚。"庄子说："名利者，公器也；名利者，凶器也。"企业的领导者需要懂得聚散之道。任正非说："华为之所以做得好，就是因为钱分得好。"长期对权力、财富、名望、地位不进行合理的分割与分配，企业心理情感能量场会充满失望（绝望）、怨恨、怀疑、嫉妒等心理情感能量。企业成员士气低落，工作积极性、主动性、创造性就会下降。这对初创的企业来说是致命的，即所谓的大凶。

上六：如果企业不在适当的时机对全体成员共同创造的权力、财富、名望、地位进行合理的分割与分配，企业的发展就会困难重重、危机四伏，企业的领导者就会追悔莫及，即所谓的"乘马班如，泣血涟如"。

二、蒙（䷃）

（一）卦的原文

卦辞：蒙[1]，亨。匪[2]我求童蒙[3]，童蒙求我。初筮[4]告，再三渎[5]，渎则不告。利贞。

初六：发[6]蒙，利用刑人[7]，用说桎梏[8]，以往[9]吝。

九二：包蒙吉，纳妇吉，子克[10]家。

六三：勿用取女[11]，见金夫[12]，不有躬[13]，无攸利。
六四：困蒙[14]，吝。
六五：童蒙，吉。
上九：击蒙[15]，不利为寇[16]，利御寇。

(二) 关键字、词解释

[1] 蒙：卦名。蒙（méng）卦是《易经》六十四卦第四卦，起始之后的第二卦。主卦是坎卦，卦象是水；客卦是艮卦，卦象是山。这个卦是异卦（下坎上艮）相叠。《彖》曰："蒙，山下有险，险而止，蒙。蒙亨，以亨，行时中也。"《象》曰："山下出泉，蒙；君子以果行育德。"因此，蒙有启蒙之意。之所以需要启蒙，是因为迷茫。

屯而蒙。蒙，迷蒙，迷茫，如在云雾缭绕的群山众水之中，不知所往。企业初创，有了一些技术、产品、客户、市场、人员，但是，发展极为缓慢且不稳定，险象环生而经验极度缺乏，企业创始者与其他成员都极度迷茫，犹如人在云雾缭绕的群山众水之中。在这个阶段，企业最容易犯错误，而且可能是重大的战略错误；同时，也很容易失去前进的动力。绝大多数企业就是在这个阶段死亡的。所以，对企业、企业成员进行正确的启蒙才能使其摆脱迷茫，走入正途。这关乎企业行动的方向性，具有至关重要的战略意义。公共部门应成立相关的机构，请专业人员对有需要的企业进行辅导。此时，企业需要法律知识、政治经济制度与政策、战略选择等方面的辅导。这对一个地区的发展具有重大的战略意义。但要防止企业对公共部门产生依赖，此时，企业依赖的欲望十分强烈。在防止企业对公共部门产生依赖的同时，更要防止公共部门对企业的过度干预。公共部门的职能是提供相关的服务。

蒙卦提供了启蒙的切入点、方法，指出了启蒙过程中应注意的问题，所有这些都可以帮助企业及其成员摆脱迷茫，获得新的前进动力。

[2] 匪：匪通非。
[3] 童蒙：蒙童，幼稚蒙昧的儿童，泛指（如儿童一样）迷茫的人或组织。实际上，人或企业在生命周期的任何阶段都会出现迷茫，只是面临的问题与迷茫的程度不同而已。因此，蒙卦具有普遍的意义。
[4] 筮（shì）：在古代用蓍草占卦为筮。
[5] 渎（dú）：轻慢，不恭敬，亵渎。
[6] 发：开始，起始，指启蒙的最初起点。
[7] 利用刑人：刑人，受过刑罚之人。利用刑人，即树立反面教材、反

面典型使人对法律与制度心生畏惧、恐惧与戒备，知道什么是禁止性行为。《象》曰："利用刑人，以正法也。"

[8] 用说桎梏：说，说明，陈述。桎梏：刑具，约束，此处指社会的制度规范，包括法律制度、经济制度、政治制度与政策、伦理道德、传统习惯。另，说可解为脱、摆脱。如果说为脱、摆脱，桎梏则解为犯罪。

[9] 往：远离。

[10] 克：胜任，兴旺，使兴旺。

[11] 勿用取女：不能再娶女人，即不能再与其他女人有不正当关系。

[12] 金夫：指有钱财的男子。

[13] 不有躬：躬，身体。不有躬，不能把握自己的身体。

[14] 困蒙：困于蒙，即困于迷茫。

[15] 击蒙：处罚、惩罚因迷茫而犯下的错误。

[16] 寇：此处指错误的行为。

（三）现代诠释与重构

卦辞：企业初创，诸事迷茫、懵懂，需要进行社会化、进行启蒙，以走出迷茫、懵懂。如此，企业便会亨通顺利。企业应积极主动寻求外界帮助，以求化解迷茫、懵懂，待机而动。企业只有积极主动寻求外界帮助，才能明白自己的问题与需求。相关的咨询机构在为前来咨询的企业提供服务的过程中，要把握好分寸，坚守"初筮告，再三渎，渎则不告"的原则，如此，才有利于双方坚守自己的事业与德行，才有利于双方长期的合作。

初六：在对企业进行启蒙与社会化的最初阶段，要利用反面典型，以明制度规范，让其对法律、制度、政策、伦理道德心怀敬畏与恐惧，使其远离悔恨。正常的情况下，制度规范体现了社会正常运行之大理。处于迷茫、懵懂的初创企业为了生存，十分容易触犯社会的制度规范。

九二：企业承认并努力化解迷茫、懵懂，十分吉祥。家人是帮助企业创建者走出迷茫、懵懂至关重要的力量。在此时，企业的创立者需要找到合适的异性对象结婚生子，以便给自己与企业提供巨大的心理情感能量。以父母为中心的家庭在此时所能提供的动力十分有限。这便是"纳妇吉，子克家"的内涵。子克家，即子旺家。旺家，即旺企业。为了自己的家庭、孩子、妻子，企业的创始者会想尽办法走出迷茫、懵懂。妻子、孩子也会有意或无意（不经意间）为企业创始者走出迷茫、懵懂提供启示与灵感。成家才能立业，是有一定的道理的。一个人只有成家、生子，并承担相应的责任与义务，才能走向成熟。对于企业来说，这一点具有重大的战略意义。"一人吃饱，全家不饿"的状态无法为企业的生存与发展提供强大的动力。

六三：企业的初创者如果已经有了家室，就不能再与其他人有不正当的关系。这是社会运行的基本规范，是大理。

六四：不肯或不能从迷茫、懵懂中摆脱出来，企业与企业成员就会后悔、痛苦。

六五：保持本真，吉。在化解企业迷茫、懵懂的过程中，要保持企业、企业成员的本真，不能使企业与企业成员变得老于世故，如此，十分吉祥。

上九：惩罚因迷茫、懵懂而犯下的任何错误行为，有利于阻止再犯同样或类似的错误，有利于企业走向正途。

三、需（䷄）

（一）卦的原文

卦辞：需[1]，有孚，光[2]亨；贞吉，利涉大川。
初九：需于郊[3]，利用恒[4]，无咎。
九二：需于沙[5]，小有言[6]，终吉。
九三：需于泥[7]，致寇[8]至。
六四：需于血[9]，出自穴[10]。
九五：需于酒食[11]，贞吉。
上六：入于穴[12]，有不速[13]之客三人来，敬之，终吉。

（二）关键字、词解释

[1] 需：卦名，《易经》六十四卦之第五卦。需卦主卦是乾卦，卦象是天，天运转不息，具有无穷威力；需卦客卦是坎卦，卦象是水，水总是往下流，有力，可以浮舟，也可以沉舟，有险之意。需的意思是在危险中待机而动。《说文》曰："需，须也，遇雨不进，止须也。"《序卦传》曰："物稚不可以不养，故受之以需。需者，饮食之道也。"这是需的原动力，这种原动力就是生存与发展的欲望，它会推动有机体不断地采取行动。《象》曰："需，须也，险在前也。刚健而不陷，其义不困穷矣。"孔颖达曰："需者，待也，物初蒙稚，待养而成。"

蒙而需，企业如果成功摆脱迷茫、懵懂，说明企业获得了继续生存与发展的动力。在屯卦与蒙卦阶段，企业的生存欲处于绝对主导性地位，到了需卦阶段，企业发展的欲望上升，生存与发展并重。企业需要在生存中发展，在发展中生存。对于企业的领导者来说，家庭里的家人要吃、喝、住、行，儿女也要受教育；对于企业员工来说，家人要吃、喝、住、行，儿女也要受教育，所以，企业必须生存并进一步发展。这是企业发展的根本性动力，是需卦的本质所在。需卦讲的就是企业一步步开拓相对稳定的细分目标市场而应奉行的探索战略，提出了实施探索战略必须坚持的原则，分析了探索战略的过程及可能出现的问题。

[2] 光：即光明磊落，亦释为广。

[3] 郊：城邑之外的旷野之地。需于郊，即与目标保持安全距离，对目标进行观察与分析。《象》曰："需于郊，不犯难行也。"

[4] 恒：常，常理，常识。

[5] 需于沙：沙，水旁平衍之地，即沙滩，此喻离坎险不远，即接近了危机重重的目标。需于沙，近距离或零距离试探。

[6] 小有言：各方有些意见或建议（赞成的与反对的）。

[7] 需于泥：泥，指傍水泥溺之地。需于泥，陷入了危机重重的目标而不能自拔，与利益相者产生深度联系。

[8] 寇：竞争者。

[9] 需于血：血，喻遭遇伤害之处，血污的地方。需于血，与竞争者展开激烈竞争。

[10] 出自穴：穴，喻坎陷之地，指困境、危险。出自穴，在竞争中获胜，摆脱困境。

[11] 需于酒食：欢庆胜利，分享成果。成果不可独享。《象》曰："酒食，贞吉，以中正也。"王逢曰："酒食，德泽之谓也。"

[12] 入于穴：此处之穴指的是住处。远古时的住所，依地势挖建而成，下半是在地下挖出的小土穴，上半是在地面搭建的屋顶。入于穴，即占领（获得）目标，经营目标。

[13] 不速：速，请，招。不速，没有邀请。

（三）现代诠释与重构

卦辞：经过蒙卦阶段，企业与企业成员明白了许多的社会运行的大理，学会了遵守社会的制度规范，企业的创始者有了家庭与妻儿，从而获得了新的前行的动力，所有这些都为企业开拓市场、实施探索战略打下了基础。实施探索战略必须坚守诚实可信、光明正大的原则，如此方可亨通顺利。长期坚持下去，定会吉祥，有利于谋求新的发展，成就大的事业。

初九：利用各种可能的方法与途径对准备开拓的目标进行长期的、系统的调查研究，制订行动方案，在弄明情况前不轻易采取行动，尊重常理，敬畏常识，这是实施探索战略的前提。就样做就不会犯重大的错误。

九二：利用各种可能的方法与途径对开拓目标进行近距离或零距离试探，以验证自己的前期调查研究，发现问题，听取各方意见与建议（赞成的与反对），及时修正行动方案。这样做最终会得到吉祥。

九三：利用各种可能的方法与途径对开拓目标采取实际行动，与利益相关者发生关系、建立联系，与竞争者展开竞争。

六四：利用各种可能的方法与途径与竞争者展开竞争，争取利益相关者的信任与支持，尽最大的努力争取在竞争中获胜。

九五：竞争取胜，庆祝胜利，与企业成员及其他利益相关者分享胜利的喜悦与成果，长此以往，吉祥。

上六："占领"开拓目标，对目标进行广度与深度开发、经营。由于利益的驱使，会有意想不到的竞争者进入。好的竞争者具有重大的战略价值，可以协助行业（产业）的技术开发、市场开拓，可以激发本企业的活力与斗志。因此，竞争者与本企业不仅存在竞争关系，同时也存在直接或间接的合作关系，即所谓的竞—合关系。企业应对竞争者怀有敬畏之心，保持合理的市场份额，保持竞争对手的生存力与活力，不可与竞争者拼个"你死我活"。这样做终会吉祥。消灭竞争者，亦将被其他竞争者消灭。

本节案例

青年哈默创业记

美国亿万富翁阿曼得·哈默博士，少年得志，20岁出头就成了百万富翁。他学医出身，却从来没有做过手术，也很少行医。他总是在他陌生的领域里经营，且每每得手。他在新生的苏维埃国家制造过铅笔，在战时禁酒的美国酿过酒，饲养过纯种牛，开采过矿石，办过石油公司，他几乎是干一行，成一行，行行挣大钱。在此我们介绍一下哈默博士年轻时的创业经历和在苏联开办铅笔厂的故事。

一、年轻的创业者

哈默第一次创业时，还在莫里斯中学读书，年仅 16 岁。一天他在大街上行走时，发现了一个出售旧赫普莫比尔牌双人敞篷汽车的广告，标价 185 美元。汽车，在当时的 1914 年，是多么神秘和时兴的玩意儿，对一个好奇的中学生来说，具有多么大的诱惑力呀！余下的一段路程，他不知道是怎样跌跌撞撞地走回家的，当时他满脑子充满了汽车和关于汽车的想法。185 美元，对今天的美国人来说也许不值一提，但在当时可不是一笔小数目，特别是对一个按美分向父母讨取零花钱的中学生来说，无异于天文数字。哈默知道，对于他这样的家庭来说，他不可能指望父母亲能给他筹措这一笔买车钱。怎么办？经过反复思考之后，他把希望寄托于正在利格特药材连锁店当售货员、手头宽裕的异父同母哥哥哈里，想到他那里碰一碰运气。

当哈默向哥哥表述了自己的想法之后，哈里哥哥十分犹豫。要把自己辛辛苦苦攒积起来、准备成家用的一大笔钱借给一个乳臭未干的小弟弟，实在是风险太大。

"如果我答应借给你这笔钱，你打算怎样还给我呢？"哈里不无忧虑地问。

"我会去找工作，我会挣钱还你的。"弟弟坚定地回答。

哈里哥哥笑了，一个 16 岁的中学生去找工作？谈何容易。不过，最后哥哥还是答应借钱给日后定会出人头地的小弟弟，同时双方还签了一个君子协定：作为借款条件，哥哥什么时候想用车，弟弟必须优先满足哥哥的要求。

哈默在买车之时，就知道怎样去赚钱，怎么去使用这部旧汽车了。在圣诞节临近之际，他看到报纸上经常刊登一些招租汽车的小广告。有家叫佩奇·肖的糖果制造商打出广告：愿以每天 20 美元的酬金付给那些用自己的车子运送糖果的人。

在糖果厂约定开始雇用车子的那天早晨，哈默坐着他那辆吱吱作响的敞篷车赶来了。他沮丧地发现：刚到早晨 8 点钟，就已经排起了汽车长龙队。更糟的是，所有的车子都比他的大，其他的司机也都比他年纪大。负责挑选送糖果车子的人来到哈默的车旁，打量了一下这辆小汽车，说："唔，你想把糖果放在什么地方呢？"

"我会把车座拿开，坐在一个箱子上。"哈默不假思索地回答，"如果我装运的货不如别的大车子多，您甭给钱。"两周以后，他就还清了向哈里借的钱，使这辆汽车完全属于他自己所有，口袋里还有钱币在叮当作响。

1917 年，哈默成了哥伦比亚医学院的学生。有一天，哈默的父亲朱利叶斯给他带来一个坏消息：朱利叶斯将一生的积蓄投资到一家叫作"古德制药"的新制药公司里，但说来也奇怪，居然出了问题，使他的家面临破产。当时，朱利叶斯不可能在耗尽精力继续行医的同时，还要睁着一只眼睛盯着这家医药公司。问题就出在这里。朱利叶斯还猜疑新公司建立时与他合股的那个人企图使公司破产，用这一手段把朱利叶斯排挤出去，然后再用他自己的名字恢复这个公司，这就使问题进一步复杂化了。

朱利叶斯有意识地用心平气和的语调对他的儿子说，想让他接替自己在制药厂的位置，但不要辍学。

"我从前就是这样干的，孩子。你也可以干嘛。"朱利叶斯说。哈默不需要更多的命令了。于是父子俩来到一家关系友好的银行，借到 2 万美元，买下了那位可疑的伙伴的股份。就这样，18 岁的哈默一举成为哈默家族中有实权的头面人物了。

然而，哈默怎样才能够既留在学校里，跟上他感到吃力的功课，同时又挤出时间来管好坐落在第三大道上的那家小药厂呢？这又是一个问题。

他干净利落地解决了这个问题。

首先，他请了一位穷困潦倒的同班同学来搭伙，让他搬进他刚租到的、在中央公园西边一个设备齐全的单元里。这位同学每天去上学，作大量的笔记，晚上把笔记带回来给哈默，以此作为免费住宿、吃饭和其他物质享受的交换条件。记忆力特强的哈默把这些笔记上的内容全记在脑子里。

要改变古德制药厂的经营方针，实际上就是要改变当时的推销方法。在那时，按照全国一些著名制药厂的惯例，是把他们的产品的小样品分送给就近各处的医生。他们认为，只要这样，医生们便会使用这些产品，认可这些样品，并按瓶装、罐装和袋装的剂量，给病人开处方。

哈默确信，大多数医生收到小样品以后，要么把它们扔掉，要么就塞在药品柜的犄角旮旯里。所以，他让他的职工们加班加点制造"古德"牌药品，然后用大包装的方式，将样品分发给医生们。这样，医生们就不忍心把它们扔掉或藏匿起来了。

他不屑使用邮寄的方式发送样品，而是认为最好的办法还是把"古德"的产品当面交给医生。于是，哈默买了一张纽约市地图，把该市的各区划分成更小的地区，并雇用了他称之为"传教士"的推销员，让他们带着大量经济实惠的样品和他自己撰写的宣传材料，遍访各区的医生和药店。

最初，由经过严格挑选的 25 名男女"传教士"执行"古德"产品订货单的发送工作。时过不久，这支"传教士"队伍竟发展到 300 人之多，在纽约市到处兜售产品。后来，他们又深入到纽约州的其他城市和新泽西州及康涅狄格州的许多城市。

这位勤奋的兼职者把厂址迁到了哈莱姆河旁，他的工厂场地大大地扩充了，职工队伍也从几十人发展到1500人。其产品畅销全国，厂名也改为响亮的"联合化学和药品公司"。

转眼到了1921年6月。哈默的实习医生工作要等到1922年1月才能开始，因此，他决定在这段间歇时间里做点有益的事情。他认为有益的这件事，曾使哈默一家震惊不已：他签订了一份以200万美元的价格将联合制药公司卖给他的一位雇员的合同，这使他全家的人都成了富翁。

二、年轻医生在苏联办起铅笔厂

在准备从事实习医生工作之前，哈默决定先去俄国访问。那时，没有人愿意到布尔什维克俄国去。但是，阿曼德·哈默却安排了俄国的旅行，并准备了要带去的礼物。他花了10万美元，买下一座第一次世界大战后遗留下来的野战医院，又为该医院配备了价值6万美元的物资器材、仪器及其他设备，还花了1.5万美元买了一辆救护车。之后，他就带着这些礼物起程了，朝着那个已与西方人隔绝的国家前进，简直就像后来的人们去月球探险一样。

1924年的一天，哈默顺便走进了莫斯科一家文具商店，想买一支铅笔。售货员给他拿了一支德国制铅笔。在美国，同样的铅笔只值两三美分。而这支德国铅笔却要价50戈比，相当于26美分。

哈默说："对不起，我要一支不易擦去笔迹的铅笔。"

售货员有点不耐烦了，但还是温和地说："因为你是个外国人，我才拿给你的。但是，我们存货有限，按照规定，我们只卖给那些经常买纸和练习本的老顾客。"

他成功地利用这支铅笔，使它变成了数百万美元。

他回去见克拉辛。

他问这位人民委员："您的政府是不是已经制定了要求每个苏联公民都得学会读书和写字？"

"当然，我们认为这是我们的基本任务之一。"

哈默说："假如是这样的话，我想要获得一张生产铅笔的执照。"

事情是办成了，但他是在对方极度冷淡的态度下开始这一工作的。问题在于应该如何对付那家国营铅笔厂。

还有一个小问题：苏方要求哈默拿出5万美元做担保，并在合同签字后12个月内就得开始生产，在投产的第一年内，就必须提交价值100万美元的

第一章 创业阶段

铅笔。除此以外，那家国营铅笔厂的官员们编造出"外国资本家想要剥削苏联人民"这类谎言来进行攻击。不过，在10月份，马克西姆·李维诺夫还是代表外交委员会签订了这份合同。

事情是都办成了，但有一件事：阿曼德·哈默不知道如何生产铅笔。和以往一样，他的力量来源于他知道会做铅笔的人在哪儿。

他坐上头班火车到纽伦堡去了。

阿曼德·哈默突然出现在纽伦堡时，像瘟疫一样不受欢迎。但就哈默而言，意识形态和种族背景与人们对他的冷淡无关。在那里，他相当坦率地要铅笔业行家中的一批骨干皈依他，而且恰好找对了门，如愿以偿了。

1761年，卡斯珀·法伯创建了法伯铅笔公司，这比德国的诞生还早15年。公司创始人的重孙约翰·洛撒·冯·法伯（1817—1896）把这家公司办得很出色，举世闻名，在纽约、巴黎、伦敦、柏林及其他地方还广设分支机构。他的另一个精明的做法是：与沙俄皇族签订了一份合同，从而控制了从西伯利亚劳动营的矿山里采出的全部石墨。这位叛逆的重孙甘冒全家人咒骂他的风险，在亚伯拉罕·林肯第一次担任总统期间，到美国去开设了埃伯哈德·法伯铅笔厂。

事实足以证明，在哈默带着要打破这个垄断集团的意图来到该城时，A. W. 法伯母公司实际上早已垄断了全世界的铅笔生意。只有这个家族最可信赖的成员和法伯厂的核心领导人物，才知道制造这种世界上最熟悉的用品之一——铅笔的全部奥秘。这种情况就像难以剽窃到可口可乐或安哥斯都拉苦汁药酒的秘密配方一样。

被隔绝一两个星期之后，哈默摆脱了这种孤立状态。他给当地一家银行写了一封自我介绍的信，并私自打听到一些情况，见到了一位名叫乔治·巴伊尔的满腹牢骚的法伯厂铅笔技师。看来，巴伊尔年轻时是富有冒险精神的。当年他曾宣称，他将接受在俄国建设一家铅笔厂的诱人的建议。于是，人们把他当成一位传染上了瘟疫的病人。他离开了弗尔斯城，到俄国居住。在第一次世界大战的紧要关头，他在俄国被捕了。俄国人把他当成德国侨民，他被拘留了一段时间之后才被释放，俄国告诉他可以自由地回到他的故乡弗尔斯城去。

但是，法伯的权力是如此巨大，以至于他不准巴伊尔回到德国。因此，他和一位俄国姑娘结了婚，直至战争结束时，才获允回到家乡。他在弗尔斯城一度受到了排挤，最后，人们才勉强同意他回到原来的岗位。他不但没有得到提拔，反而被加上了"拆法伯的台"的罪名。

巴伊尔告诉哈默，有一位在法伯服务了25年的老工头，曾接受了去一家新开张的南美铅笔厂工作的建议。然而，他竟遭到纽伦堡警察当局的反对，不许他离开德国。在这家公司的要求下，他在纽伦堡受到了十年的软禁，再也没有办法在他唯一熟悉的行业中找到工作。

哈默劝说巴伊尔振作精神，巴伊尔把他带进了这个制造铅笔的堡垒。这位美国人发现，那里的工人士气很低。哈默了解到，那里有他所需要的人力。哈默以每年1万美元的工资雇用了巴伊尔——而法伯只付给他每月200美元的工资。通过他，哈默做出了安排，以得到他所需要的机械和原材料。并在那些愿意去莫斯科打开新局面的师傅中挑选出了一批骨干。高工资和丰厚的奖金使他们很受鼓舞。

哈默要张罗的事情实在很多。他又继续前进，到英国的伯明翰去，为将来的莫斯科铅笔厂的钢笔尖分厂物色了一批类似的核心人物。对他来说，这似乎是一个不必要的负担，但苏联人坚持说这是他的整个特许权协议的一部分。他发现，伯明翰几乎同样存在着法伯所施行的那种暴政。这是一项封闭性的工业，它的大部分工人从童工时代起，就在半封闭式的条件下进行训练了。然而，哈默发掘了另一批叛逆的师傅——他又集拢了一批刚刚从第一次世界大战退伍回来的青年。当时，摆在这些青年面前的，是他们祖祖辈辈所从事的那一套令人沮丧的、枯燥无味的活儿。

制造铅笔的师傅和他们的家属们以去芬兰度假为借口，摆脱了在纽伦堡和弗尔斯那种与世隔绝的生活。哈默为他们办好了去苏联的签证，在赫尔辛基等着他们。机器也几乎是偷偷摸摸地运出德国的。

铅笔和钢笔的生产比合同所规定的期限提前几个月就开始了，这使特许权委员会和那家仍挣扎的国有工厂大为吃惊。

哈默采用了美国式的计件工资制来增加生产，这在当时的苏联是一项令人震惊的改革。

最后，哈默工厂的工资超过了弗尔斯和伯明翰的标准。这消息自然而然地传遍了莫斯科，也传遍了苏联。该公司收到了数以万计的求职申请书。显然，在苏联人人都要写字，而只有在哈默工厂才能获得必要的工具。到1926年，铅笔的年产量接近1亿支；钢笔1925年的产量为1000万支，次年就猛增到9500万支。哈默不仅满足了苏联的需要，而且把20%的产品出口到英国、土耳其、中国、伊朗和其他十几个国家。

[案例来源：张文昌、曲英艳、庄玉梅主编《现代管理学》（案例卷），山东人民出版社2004年版，第25－33页。作者对案例内容进行了删减与调整。]

第二节　与利益相关者关系的处理

一、讼（☱☵）

（一）卦的原文

卦辞：讼[1]，有孚窒[2]，惕[3]，中，吉。终凶。利见大人，不利涉大川。
初六：不永所事，小有言[4]，终吉。
九二：不克讼，归而逋[5]，其邑人三百户，无眚[6]。
六三：食旧德[7]，贞，厉，终吉；或从王事[8]，无成。
九四：不克讼，复即命[9]，渝[10]，安贞[11]，吉。
九五：讼，元吉。
上九：或锡[12]之鞶带[13]，终朝[14]三褫之[15]。

（二）关键字、词解释

[1] 讼：讼（sòng），卦名，《易经》六十四卦第六卦。讼卦的主卦为坎，卦象是水，特性是危险、困难、向下；客卦为乾，卦象是天，特性是强健、向上。天与水背道而行，定生争讼。《彖》曰："讼，上刚下险，险而健，讼。"《象》曰："天与水违行，讼。君子以作事谋始。"

我们回到需卦上六爻："入于穴，有不速之客三人来，敬之，终吉。"这里的"三"，是指代词，不一定就是三，可能多于三，也有可能少于三。其他企业（利益相关者）进入本企业同一目标领域，必然发生利益纠纷。解决利益纠纷方法之一就是诉讼。市场经济就是法的经济。企业需要依法决策、依法经营、依法处理与利益相关者的关系。作为初创企业经营者对法律知识知之不多。企业需要有法律顾问，对企业决策与经营进行把关，尽可能争取不要与利益相关者（企业、个人、政府部门、社会组织等）发生诉讼。即使发生诉讼，企业也要坚守正道，不走邪路。讼卦主要讲了讼的原则、类型及应注意的问题。需要特别说明的是，在企业生命周期的任何阶段都会面临纠纷与诉讼，因此，讼卦所论述的问题具有普遍意义。

讼卦心理情感能量场的特征是焦虑、气愤、仇恨、失望、希望等心理情感能量处于主导性地位。

[2] 有孚窒：窒，窒息，阻塞不通。有孚窒，即不被信任，互不信任。互不信任的原因有许多，信与疑都是人性的构成要素，也是人的两种心理情感能量。

[3] 惕：警惕戒备，小心谨慎。

[4] 不永所事，小有言：永，坚持，醉心于，计较。事，诉讼之事。不永所事，即不醉心于诉讼之事。小有言，小的意见。《象》曰："不永所事，讼不可长也。虽小有言，其辨明也。"

[5] 逋（bū）：逃，离开，辞职。《象》曰："不克讼，归逋，窜也。"

[6] 眚（shěng）：人为的灾祸，人为的灾难，人为的疾苦。

[7] 德：正确的价值观、宗旨与原则。

[8] 王事：与政府有关的大的、关键性的项目。

[9] 即命：安之若命，处之泰然。

[10] 渝：改变。

[11] 安贞：坚守正道。

[12] 锡：给予，赐给。

[13] 鞶（pán）带：命（官）服之饰，有皮束的华贵服饰，泛指巨大的利益。

[14] 终朝：朝，早上。终朝，一个早上。终朝，形容很快。

[15] 三褫之：褫（chǐ），剥夺，依法剥夺。三褫之，形容剥夺得彻底。《象》曰："以讼受服，亦不足敬也。"

（三）现代诠释与重构

卦辞：企业与利益相关者发生诉讼，是因为信任出现了问题。在诉讼的过程中，要十分小心，要有敬畏之心。坚持中正之大道，发起诉讼是吉祥的。否则，即使赢了诉讼，取得巨大的利益，最终还是凶险的。或者，醉心于诉讼，也十分凶险。在艰难的诉讼过程中，有利于磨炼出有德行、有才能、有地位的人，但不利于企业展开大的发展项目，成就大的事业。因此，企业在开始决策与行动前，要对决策与行动进行仔细的审查，进行事前控制，尽可能使诉讼不要发生。

初六：不要事事计较，能让则让，能忍则忍。这样做，可能会受到企业内部与外部的人指责，但最终还是吉祥的。企业经营与发展，和为贵，诉讼之风不可长；有时，即使发起诉讼也无济于事。诉讼只是解决纠纷的方法之一，诉讼有自己固定的领域与边界，不能随意扩张与滥用。事事诉讼，会给家庭、企业、社会带来不良的后果。

九二：作为企业的法人，诉讼输了，自己辞职或离开企业，企业则得以保存，企业的员工也不会受牵连，遭受人为的灾难与痛苦。这种做法，对企业来说，具有重大的战略意义。

六三：在企业经营与发展过程中，坚守既有的正确的价值观、宗旨与原则，有时会十分困难、艰险，但只要一直坚守，最终会吉祥。在这个过程中，争取做与政府有关的重大的项目，可能不会成功。如果为了赢得政府的大项目而放弃自己正确的价值观、宗旨与原则，定会招来诉讼。

九四：诉讼输了，回来之后认真反思，安之若命，并对自己的不当行为进行改正，坚守正道，就会吉祥。

九五：为了企业正当的长远战略与正当的关键或重大利益，或者为了社会公正与正义，为了社会正常运行，企业对利益相关者的不法行为发起诉讼，会给企业注入了原动力，十分吉祥。这样的诉讼是企业成长的重要组成部分，对企业发展具有重要的战略意义。

上九：醉心于诉讼，甚至通过阴谋制造有利于自己的诉讼，虽然获得了巨大的利益，但很快就会丧失殆尽。即所谓"得也讼，失也讼；成也讼，败也讼"。醉心于诉讼，绝非正道。

二、师（☷）

（一）卦的原文

卦辞：师[1]，贞[2]，丈人[3]，吉，无咎。
初六：师出以律[4]，否臧[5]凶。
九二：在师中[6]，吉，无咎，王三锡命[7]。
六三：师或舆尸[8]，凶
六四：师左次[9]，无咎。
六五：田有禽[10]，利执言[11]，无咎。长子帅师，弟子舆尸[12]，贞凶。
上六：大君[13]有命，开国承家[14]，小人勿用。

（二）关键字、词解释

[1] 师：卦名，《易经》六十四卦之第七卦。主卦是坎卦，卦象是水；客

卦是坤卦，卦象是地。坎下坤上，地水师。

师是先秦时期军队的一级编制。按《周官·大司马》记载，先秦时期军队的编制是藏兵于农，每户出一人，五人为一伍，由下士任伍长；五伍为一两（二十五人），由中士任两司马；四两为一卒（一百人），由上士任卒长；五卒为一旅（五百人），由下大夫任旅帅；五旅为一师（二千五百人），由中大夫任师帅；五师为一军（一万二千五百人），由卿任军帅。

此处的师，指的是用兵进行战争。《序卦》云："讼必有众起，故受之以师。"《彖》曰："师，众也。贞，正也。能以众正，可以王矣。刚中而应，行险而顺，以此毒（图）天下，而民从之，吉，又何咎矣？"

从企业战略的角度来看，师卦论述了企业进行商战的原则，陈述了取得商战胜利的前提，分析了商战过程可能出现的问题，提出了商战胜利后的组织安排及应注意的问题。商战是企业处理与利益相关者关系的方法之一，一般是在迫不得已的情况下才采取的行为。

［2］贞：正，正道，坚守正道。

［3］丈人：有德、有才、有位之人。

［4］律：军纪，纪律。

［5］否（pǐ）臧（zāng）：不好。军纪不好，必定凶险。《象》曰："师出以律，失律凶也。"《孟子》说："不以规矩不能成方圆，不以六律不能正五音。"

［6］在师中：有才、有德、有位之人在军队之中进行统率。

［7］王三锡命：即得王的充分信任。

［8］师或舆尸：指战争可能会失败。《象》曰："师或舆尸，大无功也。"

［9］左次：有序地往后撤退驻扎，泛指有序撤退。《象》曰："左次无咎，未失常也。"

［10］禽：泛指对农田有危害的动物。

［11］执言：发表看法，提出建议。

［12］长子帅师，弟子舆尸：指任人唯亲、用人不当的严重后果。

［13］大君：可泛指组织的最高领导者。

［14］开国承家：开国，分封诸侯；承家，分封大夫。此处泛指组织强大后，为了有效地管理，进行部门化，建立分支机构，对权力、责任、义务、地位进行分割与分配。如《孙子·势》所言："凡治众如治寡，分数是也；斗众如斗寡，形名是也。"

（三）现代诠释与重构

卦辞：企业在商战中坚守正道，由有德、有才、有位的人做统率，这样就会吉祥，不会有大的灾祸与大的过错。

初六：企业进行商战，最重要的就是纪律。如果纪律不完善，或者即使纪律完善也没得到严格的执行，这样十分凶险。

九二：由有德、有才、有位的人在商战中进行统率，对企业来说是吉祥的，不会发生大的过错。前提是要得到最高领导者的充分信任。

六三：世上从来就没有常胜将军，由于各种原因，即使统率者有德、有才、有位，并得到最高领导者的充分信任，纪律完善并得到严格执行，商战也可能会失败，使企业蒙受重大的损失。如果商战中的统率者德、才、位有所不足，纪律也不完善，或得不到最高领导者的充分信任，那就是十分凶险的。因此，商战不可轻启。孙子说："兵者，国之大事，死生之地，存亡之道，不可不察也。"

六四：企业进行商战时，当进则进，当退则退，不计一城一地一时一物一事之得失。在局势不利的情况下进行有序撤退，没有过错。撤退（或放弃）战略也要讲天时、地利、人和。天时，是指撤退的时间切入点选择正确。地利，是指撤退业务、渠道、产品、服务、技术、地域、市场、资金等方面的准确把握。人和，是指企业成员对撤退战略的高度认可，同心协力、有效有序地实施企业的撤退战略。这需要企业成员、企业部门具有全局观、长远观，认识到撤退战略是企业发展的有机组成部分。企业需要懂得放弃，只有舍，才有得。

六五：企业所在市场（行业）中有不良（破坏性）的竞争者，企业需要发起商战，给不良（破坏性）的竞争者以打击，从而维护市场的正常秩序。企业成员，特别是核心成员就此充分发表自己的见解，这样做没错。但如果在商战中任人唯亲、用人不当，则会给企业带来严重的损失，长此以往，十分凶险。

上六：如果商战取得胜利，企业有可能得到进一步发展，人员变多、业务变多、产品或服务变多、技术变得更复杂、各种关系变得更复杂，原来的组织结构与组织模式已经无法适应新形势，企业需要进行部门化、区域化改革，对权力、责任、义务、利益、地位进行重新分割与分配。企业最高领导者在推行部门化、区域化的过程中，要起用有德、有才的人，对于只有才而无德的人则千万不能起用。如果让有才无德的小人掌管一个部门，或做一个部门的副手，

三、比（䷇）

（一）卦的原文

卦辞：比[1]，吉，原筮[2]，元永贞，无咎。不宁方来[3]，后[4]夫凶。
初六：有孚比之，无咎。有孚盈缶[5]，终来有它[6]吉。
六二：比之自内[7]，贞吉。
六三：比之匪人[8]。
六四：外比之，贞吉。
九五：显比[9]，王用三驱，失前禽[10]。邑人不诫[11]，吉。
上六：比之无首[12]，凶。

（二）关键字、词解释

[1] 比：卦名，《易经》六十四卦之第八卦。主卦是坤卦，卦象是地；客卦是坎卦，卦象是水。水得地而蓄而流，地得水而柔而润。《杂卦传》云："比乐，师忧。"比者亲也，甲骨中其字形为两人并坐，因为亲近，所以乐；师自争讼起，兵者凶也，所以忧。从企业战略的角度来看，企业内外关系整合、协调谓之比。比卦论述了企业内外关系整合、协调的重要性与原则，指出了在这个过程中应注意的问题。

[2] 原筮：第一次占筮的筮辞。

[3] 不宁方来：不宁，动荡，不安。方来，刚刚发生，初现端倪。

[4] 后：晚，迟，即不及时采取对策。

[5] 盈缶（fǒu）：盈，满。缶，瓦器，圆腹小口，用以盛酒浆等；缶，古代的瓦质乐器。

[6] 有它：有意外的事。

[7] 内：内心，本真，即诚心诚意。内，亦指内部，即企业、国家的内部，与"外比之"相对应。《象》曰："比之自内，不自失也。"

[8] 比之匪人：匪，非，不当，不适当。比之匪人，可泛指关系处理不当，或用人不当。《象》曰："比之匪人，不亦伤乎？"

[9] 显比：在处理各种关系时做出表率、榜样、示范。《象》曰："显比之吉，位正中也。"

[10] 王用三驱，失前禽：古时国王打猎，围三面留一面。《象》曰："舍逆取顺，失前禽也。"指取之有度，泛指处事用中，遵守中道，不走极端。

[11] 邑人不诫：不诫，不惧，不恐，指安心。《象》曰："邑人不诫，上使中也。"

[12] 比之无首：首，首领，引领，目标。《象》曰："比之无首，无所终也。"

（三）现代诠释与重构

卦辞：比，与企业内外利益相关者进行整合与协调，吉祥，能给企业注入原动力，长此以往，不会出现大的过错。企业内外关系出现问题要及时沟通、协调、整合，否则，凶险。

在经历了讼与师之后，企业得到了发展，进入了一个新的阶段，需要对企业内部与外部关系重新整合与协调。就企业内部而言，企业进行了初步的部门化，每个部门都有自己的最高领导者。企业创始人的权力、责任、义务、利益被重新分割与分配。在部门化之前，企业是一个简单的以创始人为中心的网络式心理情感能量场。部门化之后，每一个部门都是一个相对独立的心理情感能量场，也就是说企业进入了分裂的状态，出现了动荡与不安。因此，在部门化之后，企业需要马上进行关系整合与协调，使企业重新成为一个以企业创始人（或最高领导者）为中心的整体。如果拖延，则十分凶险。

从企业的外部来看，企业外部的利益相关者发生了变化，原来的敌人可能变成了合作者，原来的朋友可能变成了敌人。在新的阶段，企业进入了新领域，经营活动的范围比以前更宽广，企业面临新的竞争者，企业必须对竞争者进行分析，需要确认：哪些是产业的领导者，哪些是追随者，哪些是补缺者，哪些是建设者，哪些是破坏者。针对不同的竞争者采取不同的策略，即弄清楚：跟随谁？与谁合作？与谁"竞—合"？与谁协作？与谁联盟？攻击谁？躲避谁？这些都是具有重要战略意义的行动，不能拖延，否则十分凶险。

初六：在整合、协调企业内外关系的过程中，一定要有诚信，坚守正道。这样做不会有错。在整合、协调企业内外关系的过程中，诚信满满，最终会带来其他意想不到的好处，吉祥。

六二：诚心诚意、公平公正地整合、协调企业内部部门之间、个人之间、个人与部门之间、上下之间的关系，使之成为一个整体，提高企业凝聚力、士气、归属感、感召力，长此以往，吉祥。

六三：在整合、协调企业内外关系过程中，如果处理不当，或者用人不当，则会给企业与利益相关者带来伤害。

六四：坚守诚信的原则，正确地整合、协调企业与外部的关系，长此以往，吉祥。

九五：企业领导者在整合、协调企业内外关系过程中坚守正道，做出表率与示范，着眼长远，兼顾整体与个体，企业内外的利益相关者感受不到威胁、恐惧、焦虑与失望，而是感受到安全、安心，内心对未来充满希望，如此，十分吉祥。

上六：在整合、协调企业内外关系的过程中，如果没有统一领导，没有明确的目标，则十分凶险。

本节案例

乐百氏的商标权争夺战

让我们把目光转回到1997年3月。在广州珠江边的一座宾馆里，有两帮人马正聚在一张桌子边签署文件。一方是赫赫有名的生产乐百氏系列产品的广东今日集团（以下简称"中山乐百氏"），另一方是在市场上已悄无声息的广州乐百氏实业公司（以下简称"广州乐百氏"）。签字完毕，广州乐百氏的负责人已是泪流满面，这位历经无数风雨的商战中人再也抑制不住自己，冲到窗旁将刚签完字的钢笔奋力扔进了珠江，好像要将曾带给他光荣、也带给他苦涩的过去彻底抛到脑后，让滚滚东去的江水带走他所有的回忆。从签字的那一刻起，作为"生父"的他将与"乐百氏"再也没有任何关系，广州乐百氏实业公司也将很快消失，今日集团将完全收购广州乐百氏。

在一般人眼中，似乎从来就只有一个乐百氏，即生产乳酸奶的中山乐百氏。但事实上，广州乐百氏一直默默地存在，而且作为"乐百氏之父"，一直握有价值连城的"乐百氏"品牌。要探究这其中的奥秘，则要从1989年的"太阳神"说起。

一、"乐百氏"：一个被何伯权领养的"孩子"

20世纪80年代末90年代初，中国保健品市场在广东掀起了第一次高潮，当时的几位主角是：怀汉新（太阳神创办人）、方实（乐百氏创办人）、贾小庆（自然饮创办人）。太阳神与乐百氏的创业者本属一个团队，共同创造了"太阳神"。太阳神在中国首次全面导入企业形象设计，当时如旭日初升，咄咄逼人。但由于内部原因，不久后从太阳神的早期创业者中便分出了另一支人

第一章 创业阶段

马,自立门户。他们需要一个堪与"太阳神"相媲美的好名字,如同年轻父母给未来婴儿起名字一样,他们绞尽脑汁,翻遍字典。终于,"乐百氏"三个字不经意间闯进了他们的脑海,这个读起来十分上口,既洋味十足又充满喜庆味道的中西合璧的名字,一下子让所有人都喜欢上了。名字已定,他们与广州锅炉厂、从化神岗镇联合成立了广州乐百氏集团。

与此同时,中山市小榄镇的一个 28 岁的年轻人——何伯权也开始受镇政府之命来投资办厂。何伯权做过工人、农民、售货员、教师、机关干部,当时刚任镇制药厂副厂长。希望年轻人有所作为的镇政府拿出 95 万元交给何伯权,让他开办新企业,以便给小镇经济创造新机遇。何伯权站到了人生的一个新舞台上,除了 95 万元及几个合作伙伴外,他别无所有。一番权衡后,他看上了当时热火朝天的保健品市场。

广州乐百氏虽然有了一个好名字,但创业者们深知,好名字并不一定能托起一个好企业。即使是太阳神,其成功的因素也并不仅仅在于企业形象。此时的乐百氏想与太阳神抗衡,确实有些力不从心。他们需要同盟军。

机缘让何伯权和乐百氏连在了一起。他一开始就对"乐百氏"商标喜爱备至,以至于从未想过真正做自己的品牌。中山乐百氏保健制品有限公司在此背景下应运而生,它由广州乐百氏与小榄镇工业总公司合资成立,由何伯权任总经理。广州乐百氏以品牌及 20 万元资金入股,占 1/3 股份。合作一年后,为了全面主导企业的发展,小榄镇单方面决定买下广州乐百氏持有的 1/3 股份。经协商,这部分股份折价为 380 万元。何伯权从此完全掌握了中山乐百氏。但"乐百氏"商标的所有权仍在广州乐百氏公司手里,何伯权租用"乐百氏"在奶类制品领域的商标使用权,期限为 10 年。从 1990 年到 1999 年,整整一个 90 年代,何伯权就像是"乐百氏"的"养父",将"乐百氏"从其"生父"处领养过来,精心培养,期待它能长大成材。

此时的何伯权为什么不舍弃"乐百氏",另创立一个新品牌?这或许将是永远的谜。但可以肯定的一点是,"乐百氏"已成了何伯权事业甚至情感的一部分,这三个字浸透了他的心血和汗水。当时他没有钱做广告,于是,每到一个城市,他就和伙伴们买来大红纸写成标语:"热烈祝贺乐百氏奶投放市场!"他们晚上穿街走巷,把标语贴满整个城市。对这个书写了无数次的名字,何伯权又如何能轻言放弃!

二、斩不断的"亲情"

乐百氏成长得太快了,每年近乎翻一番的增长速度快得让人惊喜,也让人不安,因为对这个品牌做出最大贡献的中山乐百氏却没有这个品牌的所有权。

广州乐百氏不仅可以自己生产"乐百氏奶",还可以将这个品牌租给别人生产"乐百氏奶"。

中山乐百氏1992年的产值已达8000万元。何伯权不得不为他掌管的这个企业思考一条后路:数年后,如果不能使用"乐百氏"品牌将怎么办?中山乐百氏必须有一个自己的品牌,一个"亲子"而非"养子"。

"今日是历史和未来的分界点,今日的结束是新的今日的开始。"对自己从北京大学亲自征集来的"今日"商标,何伯权十分满意。而"今日"的特殊内涵也反映了何伯权对"乐百氏"的一种复杂心情。他对"乐百氏"仍珍爱备至,但又不得不让它从自己的事业中渐渐淡出,而全力以赴去推广"今日"。1992年,中山乐百氏保健制品有限公司改名为广东今日集团,但乐百氏奶仍是集团的主导产品。

为了尽快推广"今日",何伯权招来了广告学博士,团结了一批广告人,其宣传攻势在1994年达到了顶峰。

1996年,何伯权向广州乐百氏开出了1500万元的高价,要完全取得"乐百氏"商标在奶类制品方面的所有权。当时经营处境在走下坡路的广州乐百氏很快接受了这个价格。从此,它再也不能向别人授权,或自己生产"乐百氏奶"。"乐百氏奶"被正式"过继"给了何伯权。

三、拍案称奇,援手曾经是强敌

退出了奶类市场的广州乐百氏当时还有另一主导产品:乐百氏矿泉水。尽管水和奶各有其主,但借助"乐百氏"品牌的威力,水也畅销不已。一时间,双方似乎相安无事。但半年后,一个意外的插曲出现了。

1996年夏天,乐百氏矿泉水在其主要市场湖北遭遇重创。不少假冒乐百氏之名其实是从自来水管灌进来的"矿泉水",使得正在抗洪抢险的解放军战士闹肚子,而实力弱小的广州乐百氏无力应付这种局面。媒介曝光后,"乐百氏"的名声一落千丈,水的形象连累了奶,"生父"的黑锅要"养父"背,不少舆论把矛头对准了中山乐百氏。毕竟,没有几个人知道:此"乐百氏"非彼"乐百氏"。

何伯权决心向"乐百氏"不争气的"生父"最后开战,他要全面收购广州乐百氏。但广州乐百氏不甘就范,它还有一点实力,还有抵抗的余地。

惊人的一幕在香港出现了,中国儿童营养保健品市场的两个最主要对手——乐百氏的何伯权和娃哈哈的宗庆后举行了一次悄悄的会晤。强强联手,宗庆后看到了一个"光明"的前景:娃哈哈将成为中国瓶装水的龙头老大。

不久,在武汉出现了大量低价的正宗娃哈哈纯净水,名声已严重受损的乐百氏矿泉水全面溃退，广州乐百氏面临生存危机，再没有与何伯权讨价还价的余地。于是，便有了珠江边的一幕。从此，"乐百氏"品牌完全被何伯权握在手中。

让宗庆后始料不及的是，完成了"品牌统一"大业的何伯权迅速进军瓶装水市场，投资2亿元引进世界最先进的设备生产"真正"的乐百氏纯净水，并重返武汉市场一举成功。

何伯权无疑称得上是一位经营大师，但看似失败的"乐百氏之父"——广州乐百氏也并非输家。他们向中山乐百氏投入20万元，而最终拿回了数千万元。他们真正的价值在于想出了现已价值30亿元的"乐百氏"三个字。

［案例来源：张文昌、曲英艳、庄玉梅主编《现代管理学》（案例卷），山东人民出版社2004年版，第11－15页。作者对案例内容进行了删减。］

第三节　财富的积累与制度化

一、小畜（☴）

（一）卦的原文

卦辞：小畜[1]，亨。密云不雨，自我西郊[2]。
初九：复自道[3]，何其咎？吉。
九二：牵复[4]，吉。
九三：舆说辐[5]，夫妻反目[6]。
六四：孚，血去惕出[7]，无咎。
九五：有孚挛如[8]，富以其邻[9]。
上九：既雨既处[10]，尚德载[11]，妇贞厉[12]，月几望[13]，君子征凶。

（二）关键字、词解释

[1] 小畜（xù）：卦名，《易经》六十四卦第九卦，主卦是乾卦，卦象是天，天的特性是强健；客卦是巽卦，卦象是风，特性是顺从、渗透。小畜的意思是，以小蓄大，以少蓄多，一点点地积累。在这个过程中，广结善缘，进德修业，坚持不懈。《彖》曰："小畜，柔得位而上下应之，曰小畜。健而巽，刚中而志行，乃亨。密云不雨，尚往也。自我西郊，施未行也。"《象》曰："风行天上，小畜。君子以懿文德。"

小畜卦论述了在一点点地、艰难地积累财富过程中必须坚持的原则与方法，指出了在这个过程中可能出现的问题，并提出了相应的对策。小畜是企业至关重要的发展战略与发展阶段。

[2] 密云不雨，自我西郊：密云不雨，指艰难的积累过程。自我西郊：西，指西南。西南为易、平。自我西郊，指企业日常的积累。在后天八卦图中，西南为坤，正西为兑，西北为乾。

[3] 复自道：复，往来。自，由，遵守。道，正道。《象》曰："复其道，其义吉也。"

[4] 牵复：复，回归，回来。牵复，即重回中正之道。《象》曰："牵复在中，亦不自失也。"

[5] 舆说辐：舆，车辆。说，脱离。辐，车轮上的辐条，这里指车轮。舆说辐，车身与车轮脱离，泛指事物出现了严重的问题。

[6] 夫妻反目：夫妻，泛指夫妻、朋友、同事、上下等。反目，指矛盾激化，甚至互相成为仇人。

[7] 血去惕出：血，借为恤，忧患、灾祸。去，离去、远离。惕（tì），警惕。惕出，保持警惕。

[8] 挛如：紧紧握住的样子。

[9] 富以其邻：《象》曰"不独富也"。指关注利益相关者的利益。

[10] 既雨既处：既，已经。处，停止。既雨既处，雨时下时停，形容小小财富积累的不稳定性。

[11] 尚德载：尚，崇尚、高尚。德，中正之德、中正之道。载，承载。

[12] 妇贞厉：妇贞，此处指坚守节俭的美德。厉，艰难地、牢牢地。

[13] 月几望：月望，夏历每月十五日。几，接近。月几望，犹言夏历每月的十四日，指事物接近圆满状态，此处指企业接近小蓄状态。月盈很快便变月亏。月几望，喻指企业的管理者要心怀敬畏，不能自大。

（三）现代诠释与重构

卦辞：企业一点一点积累各种资源，不拒小，不拒少，不贪全，不图大，如此，便可亨通顺利。企业一直处于支出大于收入的状态，没有余钱，资金十分紧张。但是，企业一直在努力，在日常经营管理的过程中，通过精打细算，一点一点地积累财富。

初九：在一点一点地、缓慢地积累财富的过程中，企业始终坚守自己正确的价值观、宗旨与原则，这样做会有什么过错呢？定会吉祥。

九二：在一点一点地、缓慢地积累财富的过程中，企业有时可能会误入歧途，如果能及时发现并立即回归中正之道，这样是吉祥的。

九三：在一点一点地、缓慢地积累财富的过程中，企业误入歧途而不知返，或者因为外在不可抗拒的因素，企业出了大问题，企业成员之间、夫妻之间、合作者之间互相指责，"反目成仇"。

六四：在一点一点地、缓慢地积累财富的过程中，企业坚守诚信与正道，时刻警惕，常怀敬畏之心，灾祸就会远离，错误就不会发生。

九五：在一点一点地、缓慢地积累财富的过程中，企业始终牢牢地坚守诚信与正道。在经营的过程中，充分兼顾供应商、销售商、顾客、社区、政府、员工等利益相关者的利益，与利益相关者建立良好的关系，构建起一个良性的心理情感能量场。在这个场中，企业与利益相关者进行良性的互动。企业之间的竞争，在本质上就是心理情感能量场之间的竞争。对企业来说，构建理想的心理情感能量场具有重大的战略意义。

上九：通过艰难的努力，企业终于实现了收入大于支出，有了小小的积蓄。此时，企业更要牢牢地坚守正道，厉行节约，把钱用在刀刃上。企业管理者一定要记住，财富的积蓄有如月盈月亏一样，也有如雨时下时停一样，极不稳定。此时，企业管理者要经得起各种诱惑，克服自大的心理，如果盲目扩张，肯定十分凶险。

二、履（☲）

（一）卦的原文

卦辞：履[1]。履虎[2]尾，不咥[3]人，亨。
初九：素[4]履，往无咎。
九二：履道坦坦，幽人贞[5]吉。
六三：眇能视，跛能履[6]，履虎尾，咥人，凶；武人为于大君[7]。
九四：履虎尾，愬愬[8]，终吉。
九五：夬履[9]，贞厉。
上九：视履[10]，考祥其旋[11]，元吉。

（二）关键字、词解释

[1] 履（lǚ）：卦名。履卦是《易经》六十四卦之第十卦，主卦是兑卦，卦象是泽；客卦是乾卦，卦象是天。履、礼，古通用。《说文》曰："履，足所依也。""足所依"，即行为所依。行为所依者为礼，即制度规范。履，理也、礼也。理为履之内，礼为履之外。理即道，即天道与人道。《象》曰："上天下泽，履；君子以辩上下，定民志。"因此，履就是制度化与规范化。

在师卦前，因为规模小、成员少，企业只有基本的制度规范。经过师卦，企业实现了初步的部门化，制度规范有所增加。小畜的实现，使得企业开始系统的制度化与规范化。从履卦开始，企业由主要依靠领导者运行逐步转向主要依赖制度规范运行。这是企业继部门化后的又一重大战略行为。小畜使企业心理情感能量场失去平衡，制度化、规范化可以使企业心理情感能量场重新恢复平衡。因此，制度化、规范化是企业至关重要的发展战略。

履卦论述了制度化、规范化的重要性，提出了制度化、规范化的原则，指出了制度化、规范化过程中可能出现的问题并提出相应的对策。履卦还论述了定期对制度与规范进行审视、修正的重要性。

［2］虎：巨大的、致命的危险。

［3］咥（dié）：咬，伤。

［4］素（sù）：纯，纯真，不杂，质朴，不加修饰的。

［5］幽人贞：幽人，囚人，犯了错误的人。贞，坚守良知、美德。《象》曰："幽人贞吉，中不自乱也。"

［6］眇能视，跛能履：眇（miǎo），一只眼出了严重的问题。跛（bǒ），腿或脚有病，走路时身体不平衡。《象》曰："眇能视，不足以有明也；跛能履，不足以与行也。"此处指制度与规范存在严重的问题。

［7］武人为于大君：武人，本指打仗的人，此处指才德不全之人。大君，天子，泛指组织中最高的统治者、领导者。武人为于大君，指在制定制度与规范的过程中最高的统治者、领导者任用了不恰当的人。

［8］愬愬（shuò shuò）：小心、恐惧的样子。《象》曰："愬愬终吉，志行也。"

［9］夬（guài）履：夬，决，决策。夬履，依据制度规范进行决策。《象》曰："夬履贞厉，位正当也。"

［10］视履：视，察看，审视，审查。视履，即对制度与规范进行审查。

［11］考祥其旋：考祥，全面仔细地考查、审查。旋，反复，即反复考查制度与规范执行的过程及所产生的效果与问题。

（三）现代诠释与重构

卦辞：履，即制度化与规范化。企业推行制度化、规范化，会遇到巨大的危险，掉入制度化、规范化的陷阱。但如果危险得到化解，并避免掉入制度化、规范化的陷阱，就不会给企业带来伤害，企业就会因此亨通顺利。

初九：心怀大道、目的纯正地推行企业的制度化、规范化，坚持下去，不会有过错。

九二：所制定的制度与规范内含大道，不存在制度与规范锚定的内容（即不存在腐败制度化与制度腐败化），执行时公正无私，如此，因犯了错误（罪）而受到惩罚的人也会坚守自己的良知与美德，吉祥。否则，企业就会掉入制度化、规范化的陷阱。

六三：企业所制定的制度规范不全面、不具体、不公正、不公平，对人不对事，执行起来困难重重，如此，企业定会被巨大的危险所伤（这种制度规范本身就是一个巨大的危险，即陷阱），给企业造成严重的损失，十分凶险。之所以如此，是因为负责制定制度规范的人，才、德不足，或者位与才、德不配。

九四：企业在制度化、规范化的过程中，因为触犯某些权势人物（极有可能是最高领导者）或部门的利益，会遇到重重困难与危险，但只要小心细心、心怀敬畏与恐惧，公平、公正，坚守大道，终会吉祥。

九五：企业的制度与规范不能只是摆设，企业领导者的决策必须遵守而不能违背相关的制度与规范。有时，在决策的过程中坚守制度与规范可能会困难重重，但必须坚守。

上九：定期对企业制度与规范的执行情况进行审视、审查，结合企业内外形势，考察其科学性、合理性、合情性、可行性，并对不科学、不合理、不合情、过时、不可行的内容进行修改，使企业的制度与规范不断完善，可以给企业注入原动力，有利于企业的持续发展，十分吉祥。

本节案例

杜邦公司的制度化

在泰罗从事科学管理的主要工作之前及期间，杜邦公司完全独立于泰罗的学说而应用了许多独创性的管理方法和管理技术。杜邦公司与泰罗不同，不仅把工长一级的技术问题，而且特别把高层管理的事务予以系统化。在这个过程中，杜邦公司不仅培养了一批创建了世界上最大和最成功的化学公司的人才，还提供了使通用汽车公司得以从1921年的灾难中解救出来，并使它成为世界上最大的汽车公司的一些关键人物。

杜邦公司早期的领导者亨利·杜邦的管理方式是一人控制方式。他在几乎40年的时间内，在所有的重大问题和许多较小的问题上独自做出决策，甚至还处理杜邦家族中的财务、住房等问题。在他去世以后不太久，杜邦家族中的三个堂兄弟——艾尔弗雷德·杜邦、科尔曼·杜邦和皮埃尔·杜邦开始着手进行改革，逐步建立起系统化的组织和管理。以后又经过其他一些人的发展，使杜邦公司取得了巨大的成就。

杜邦公司的哲学中似乎有着两种主要的潮流——理性主义和实用主义。杜邦家族的人一贯强烈地倾向于信守从经验中获得的价值观，并运用其影响反对没有经验支持的演绎概念。杜邦公司的管理层也坚持基本的理性主义原则。

还有，杜邦公司在管理人员培训和接续的决定上，也取决于同成就标准有关的经验。因此，"应征者很多，中选者很少"这句话在杜邦公司是特别适用的。杜邦家族对领导者进行仔细的挑选和训练。杜邦家族很少受到"用人唯亲"的责备，但其家族在公司中维持多代的领导这一事实却没有得到恰当的解释。

为了能进入杜邦公司工作，杜邦家族的人通常必须在美国一所头等大学中学习自然科学。在上百个竞争者之中，只有获得了学位的杜邦家的人才能有在杜邦公司中长期服务的机会。再经过工作成绩的考验，又刷掉了一大批人。然后是一项交叉结合方案，即有计划地把各个职能部门和产品部门中杜邦家族的人和非杜邦家族的人放在一起，对他们的领导潜力进行测验；候选者还常常被安排担任各种不同的工作，如在制造、销售、研究部门做直线人员和参谋人员，作"助手"或"助理经理"。他们经受在不同类型管理方式上有着不同意见的长者们的考验并从其忠告中得益。

但是，即使经历了这样严格的选择过程，候选者要进入核心圈子即经营委员会和财务委员会，还必须符合其他方面的要求。基本的要求可以概括为"观点上的同质性和能力上的异质性"。

1902年到1921年期间，由于杜邦家族的各个分支日益增多并且经常与人通婚，有着越来越多的杜邦家族的人被吸引来培训其经营管理才能。能干的经理人员同杜邦家族的人通婚并且同杜邦家族的人有着同等的日益增多的机会进入领导层。

［案例来源：张文昌、曲英艳、庄玉梅主编《现代管理学》（案例卷），山东人民出版社2004年版，第154－158页。作者对案例内容进行了删减与调整。］

第四节 企业初定及其维持战略

一、泰（☷☰）

（一）卦的原文

卦辞：泰[1]，小往大来[2]，吉，亨。
初九：拔茅茹[3]，以其汇[4]，征吉。
九二：包荒[5]，用冯河[6]，不遐遗[7]；朋亡[8]，得尚于中行[9]。
九三：无平不陂，无往不复，艰贞无咎；勿恤其孚[10]，于食有福[11]。
六四：翩翩[12]，不富以其邻，不戒以孚[13]。
六五：帝乙归妹以祉[14]，元吉。
上六：城复于隍[15]，勿用师，自邑告命[16]。贞吝。

（二）关键字、词解释

[1] 泰：卦名，《易经》六十四卦之第十一卦，主卦是乾卦，卦象是天；客卦是坤卦，卦象是地。泰是安定的意思，《象》曰："天地交，泰。后以财成天地之道，辅相天地之宜，以左右民。"

在履卦阶段，企业完成了制度化与规范化，开始逐步进入了相对稳定发展阶段，即所谓的泰。相对稳定发展的时期可能会很长。泰卦所擘画的就是延长相对稳定发展期的战略与策略，即所谓的"保泰之道"。从泰卦的爻辞来看，"保泰之道"有六：选拔、启用各类人才，用其所长，避其所短；保持战略定力，能够承受成功与失败；坚守诚信；知权达变，灵活应对；联盟；及时反思失败，不轻启战端。

[2] 小往大来：这里的小与大是人们价值判断中相关事物的指代词。在这里小指代紧张、危险等，大指代宽裕、安全等。《象》曰："泰，小往大来，吉，亨。"

[3] 拔茅茹：茅，草本植物，茅草。茹，吃、食。可食之茅为新茅，比喻年轻人。拔茅茹，即选拔、启用年轻人。

［4］以其汇：汇，味、类，比喻有志向、有才能、有德行。汇，亦有汇合之意。

［5］包荒：包容八荒之人才。

［6］用冯河：冯河，徒步涉水过河的人，即胆大而缺少思虑之人，泛指有缺点的人才。用冯河，启用有缺点的人。

［7］不遐遗：遐，地理上很远，情感、血缘、学缘上很疏。不遐遗，指人用不分亲疏远近。

［8］朋亡：朋，朋友，朋党。朋亡，指用人的过程中没有结党营私，十分公正、公平、公开。

［9］得尚于中行：得尚，崇尚。中行，中正之道。

［10］勿恤其孚：恤，惜。勿恤其孚，即坚守诚信。

［11］于食有福：即得到市场的认可。

［12］翩翩：轻快地飞舞，指灵活，不死板。

［13］不戒以孚：戒，戒惧，警惕。不戒以孚，因为诚信，所以人们不戒惧。

［14］帝乙归妹以祉：帝乙，殷代纣王的父亲。归妹，与西周联姻。帝乙归妹，泛指与强者联盟、合作、协作。这是一次潜渊之盟，为后面的飞天之盟做了准备。祉（zhǐ）：福，好处。

［15］城复于隍：复（fù），翻倒。隍（huáng），没有水的城壕。城复于隍，城防损毁，泛指后果十分严重的事件。《象》曰："城复于隍，其命乱也。"

［16］自邑告命：内部沟通、反省。

(三) 现代诠释与重构

卦辞：泰，即企业进入了相对安全的阶段，企业最艰难与动荡的时期已经过去了，相对宽松与稳定的时期到来了。企业牢牢抓住这一机遇期，全心全力谋发展，这样企业就会吉祥、亨通。

初九：选拔有志向、有才能、有德行的年轻人，将他们汇合起来，组成各种团队，在技术、产品、生产、市场等方面进行拓展，谋求企业的发展。这种做法具有重大的战略意义，对企业来说是吉祥的。

九二：在选拔、起用人才的过程中，企业要心胸宽广，如天地一样能包容八荒，不分亲疏远近，尽可能做到公平、公正、公开。将各种人才聚集在一起，用其所长，避其所短；防止企业成员结党营私，引导企业成员走中正之道，以走中正之道为荣。

九三：即使在泰卦阶段，企业的发展也不可能一帆风顺，成功与失败互相交错、互相纠缠；有时甚至会遇到巨大的困难，企业需要咬牙坚持，绝不放弃，这样做没有过错。企业要心怀大道、诚实守信，包容失败与失误。这样做，企业才会得到发展，得到市场的认可，各类财富才会进一步积累。

六四：企业在经营过程中，知权达变，灵活应对，同时诚实守信，充分兼顾利益相关者的利益，不牺牲利益相关者的利益以谋求自己的利益。利益相关者对本企业没有戒备、恐惧之心。这对企业稳定发展具有极大的好处，是企业至关重要的发展战略。

六五：与强大的组织（企业、学校、科研机构、公共机构等）合作、协作或联盟，借势借力，达到优势互补，共同发展，这种措施具有重大的战略意义，能给企业带来福祉，给企业注入原动力，对企业来说，非常吉祥。

上六：企业之间的竞争十分残酷，不进则退。在经营的过程中，有时企业因各种原因丧失部分关键市场，防卫能力受到严重损坏。此时，不要轻易地、盲目地发动残酷的商战以收复失地。要自我反省，分析自己的技术、产品、服务、渠道、营销方式是否存在问题，是否已经过时。同时也要搜集竞争者的技术、产品、服务、渠道、营销方式信息，并进行分析与总结。企业上下就此进行全面、深入的沟通与反思，从中得到经验与教训，为以后的经营管理提供智慧与启示。这是企业重要的事后控制战略。如果此时企业内部不及时进行沟通、反思与总结，而是坚持进行商战以收复失地，就会追悔莫及。

二、否（☷☰）

（一）卦的原文

卦辞：否[1]。否之匪人，不利君子贞[2]，大往小来。

初六：拔茅茹，以其汇，贞吉，亨。

六二：包承[3]，小人[4]吉，大人[5]否亨。

六三：包羞[6]。

九四：有命[7]，无咎，畴离祉[8]。

九五：休[9]否，大人吉。其亡其亡，系于苞桑[10]。

上九：倾否[11]，先否后喜。

第一章　创业阶段

（二）关键字、词解释

[1] 否（pǐ）：卦名，《易经》六十四卦之第十二卦。否卦的主卦是坤卦，卦象是地；客卦是乾卦，卦象是天。

否（pǐ）者，否（fǒu）也；否（fǒu）者，批也。"城复于隍"，丧失了重要的战略屏障，企业便进入了否（pǐ）的状态。否卦的卦辞与爻辞讲的并不是企业否（pǐ）的状态，而是分析论述去否（pǐ）的战略与策略。从否卦的卦辞与爻辞来看，去否（pǐ）的战略与策略就是否（fǒu），即企业内部就"城复于隍"进行反省，进行批评与自我批评，找出问题之所在，并提出相应的对策，即所谓的"自邑告命"。否（pǐ）极泰来，指的就是企业进行充分的、透彻的反省，进行批评、自我批评，进行相应的人事调整，从而取得新的平衡；在新的平衡的基础上，企业有可能进入新的、相对稳定的发展阶段（泰）。从《易经》的六十四卦来看，否（fǒu）是企业内部的第一次整合运动，对企业的发展具有十分重要的战略意义。

[2] 贞：此处解为长期地，长此以往。

[3] 包承：包（bāo），揽，总揽。承（chéng），承受。包承，包揽责任，承受批评。

[4] 小人：此处指地位低的人。

[5] 大人：此处指地位高的人。

[6] 包羞：包揽、承受羞辱。

[7] 有命：根据命令行事，按照指令做事。

[8] 畴离祉：畴（chóu），田界，分界，分别，分类。离，罹，遭受灾祸、惩罚。祉（zhǐ），福，奖励，表扬。畴离祉，根据不同的具体情况，分别对待，分别给予惩罚或奖励。

[9] 休：停止。

[10] 苞桑：桑苞，泛指事物最初的状态。

[11] 倾否：倾，推翻。倾否，对冤假错案进行平反。

（三）现代诠释与重构

卦辞：否（pǐ），就是否（fǒu），即反思、批评与自我批评。企业在就"城复于隍"事件进行反省、批评与自我批评的过程中，可能否定了不该否定的人，批评了不该批评的人，对正直的人可能不利。企业各级管理者是"城复于隍"的责任人，进行反省、批评与自我批评对企业的管理者不利。企业可能会进行人事调整，一些地位高的人会失去岗位，一些地位较低的人会升到更高的职位。这是企业重要的事后控制战略，没有这一战略，企业将无法前行。但是，如果长期地、无节制地进行反思、批评与自我批评，内部斗争与迫害将取代反思、批评与自我批评，企业将失去安定与繁荣，进入动荡与衰败。

初六：企业在就"城复于隍"事件进行反省、批评与自我批评的过程中，坚守正道，提拔一批有才、有德的年轻人，充实到各个部门的关键岗位上去，企业将会因此吉祥、亨通。

六二：企业在就"城复于隍"事件进行反省、批评与自我批评的过程中，必须有人承担相应的责任，有些地位较低的企业成员有可能得到提升，吉祥；有些地位较高的企业成员会被降职或解职，不祥，但对企业来说，有好处。一方面制度规范得到充分有效的执行，另一方面提拔了一批有为的年轻人，企业将会因此亨通。

六三：企业在就"城复于隍"事件进行反省、批评与自我批评的过程中，必须有人承受羞愧、悔恨与耻辱。任何企业都需要正面人物，同时也都需要反面人物。两种类型人物的出现有时是偶然因素的结果，有时则是必然因素的结果，有时则是偶然因素与必然因素互相作用的结果。正面人物与反面人物能为企业心理情感能量场提供不同的心理情感能量。两种不同类型的能量在企业的发展过程中都起了十分重要的作用。

九四：在"城复于隍"事件中，有些人只是奉命行事，不得已而为之，这些人没有过错，在总体上不应该承担责任，不应受到处分。对于涉及"城复于隍"的个人与部门，要区别对待，不能一刀切，该惩罚的要惩罚，该奖励、表扬的要奖励、表扬。这有利于保持企业的相对稳定，对企业的发展有利。

九五：企业就"城复于隍"事件进行反省、批评与自我批评的议程告一段落，对企业的高层管理者是吉祥的。企业应牢牢记住：企业的灭亡源于细微（意念、技术、产品、服务、营销、财务、人事等方面的细微处），即所谓"其亡其亡，系于苞桑"。企业不仅需事后控制（否），还要进行事前控制。企业要防微杜渐、居安思危，进行有效的事前控制，并将事前控制提升到战略的高度。

上九：企业在就"城复于隍"事件进行反省、批评与自我批评的过程中，由信息、情感、局势的影响，有些人受到不公正的批评与否定，即所谓的"否之非（匪）人"。企业发现后，应及时纠正，给予平反，以留住有德、有才、有功之人，凝聚企业人心，提高企业士气。对这些人、对企业来说，都是

"先否后喜"。

三、同人（☰）

（一）卦的原文

卦辞：同人[1]。同人于野[2]，亨，利涉大川，利君子贞。
初九：同人于门[3]，无咎。
六二：同人于宗[4]，吝。
九三：伏戎于莽[5]，升其高陵[6]，三岁不兴[7]。
九四：乘其墉[8]，弗克攻，吉。
九五：同人先号啕[9]而后笑，大师克相遇[10]。
上九：同人于郊[11]，无悔。

（二）关键字、词解释

[1] 同人：卦名，《易经》六十四卦第十三卦。同人卦主卦是离卦，离卦的卦象是火，特性是光明而依附；客卦是乾卦，乾卦的卦象是天，特性是强健。

同人卦，论述了和同、协同的重要性，阐释了和同、协同的原则，提出了和同、协同过程中可能出现的问题，揭示了实力才是和同、协同的基础与前提。

"同人"是企业重要的发展战略。就企业而言，"同人"包括互助、协作、合作、合资、联盟等。"同人"具有多层次性：企业层、部门层与个人层。企业层是指企业同其他组织之间"同人"，部门层则包括企业内部部门之间"同人"、部门与外部组织"同人"，个人层包括企业内部个人之间"同人"、个人与企业外部组织的个人之间"同人"。通过这种复杂的"同人"，企业可以构成一个复杂的、网络型的、巨大的心理情感能量场，将企业内部与外部有机地联系起来，使企业获得充足的发展动力。在经过否卦之后，企业如果想继续发展与壮大，就必须执行"同人"战略。正如《孙子》所说："上兵伐谋，其次伐交。"

[2] 野：旷野，古代邑外谓郊，郊外谓野。野代表广阔，引为广泛。
[3] 同人于门：对互助、协作、合作、合资、联盟持开放的态度。《象》曰："出门同人，又谁咎也！"

[4] 同人于宗：为了不正的目的拉帮结派，尤指企业内部结党营私，任人唯亲。《象》曰："同人于宗，吝道也。"

[5] 伏戎于莽：设伏兵于林莽之中，指隐藏战略性力量。

[6] 升其高陵：登上高陵观察形势。升，登。帛《易》升作"登"。

[7] 三岁不兴：指战略性力量需要长期艰苦磨炼。《象》曰："伏戎于莽，敌刚也。三岁不兴，安行也。"

[8] 乘其墉：墉（yōng），高墙，隔离家与家。墉，亦指城墙。乘其墉，指登上了敌方的高墙或城墙。

[9] 号啕（táo）：啼呼、号哭。

[10] 大师克相遇：克，能，马上，即刻。大师克相遇，指我军与盟军马上就要会合。

[11] 同人于郊：效，次于野。同人于郊，即不能结成广泛的同盟，退而求其次。《象》曰"同人于郊，志未得也"。

(三) 现代诠释与重构

卦辞："同人"是指互助、协作、合资、联盟等。建立起广泛的"同人"关系，可使企业亨通、顺利，有利于企业干大事业，有利于企业的领导者长期坚守自己的事业。"同人"的根本原则是坚守正道。

初九：实行积极的门户开放战略，即对于上门寻求"同人"的组织与个人持开放、欢迎的态度；同时，企业、企业中的部门与企业中的个体也走出去寻求"同人"。这样做不会有错。

六二：如果利用"同人"之名，任人唯亲、拉帮结派、违法乱纪，会给企业带来严重的不良后果，最终追悔莫及。

九三：对于企业来说，仅仅"同人"是远远不够的，"城复于隍"的惨痛历史不能忘记。企业必须不断地提升自己的实力，需要有自己战略性的核心力量。这种战略性的核心力量需要很好地隐藏起来（国之利器不可以示人），时刻密切关注外部局势，保持高度警惕。企业战略性的核心力量需要长期培养与锻造。弱国无外交，这一点同样适用于企业。

九四：攻入"敌人"的核心市场，没有攻克，接着进攻，这样做是吉祥的。因为我方有许多"同人"正在协同行动，正在投入各种有形与无形的资源。如果放弃进攻，则前功尽弃。

九五："同人"！"同人"！真正的"同人"会在关键时刻发挥关键的作用。正当我方与"敌人"拼得筋疲力尽、几近绝望、号啕大哭时，"同人"（们）

率大军赶到，两军会合，击败"敌人"，我方与"同人"放声欢笑。此战乃为企业的"出渊入田之战"。

上九：不能实现广泛的"同人"，没有什么可以后悔的。因为，这个世界的事物本来就具有不同的类型，相同类型的事物会自然形成"同人"，即所谓"物以类聚，人以群分"。

四、大有（☰）

（一）卦的原文

卦辞：大有[1]，元亨。
初九：无交害[2]，匪[3]咎，艰则无咎。
九二：大车以载[4]，有攸往[5]，无咎。
九三：公用亨于天子[6]，小人弗克[7]。
九四：匪其彭[8]，无咎。
六五：厥孚交如[9]，威如，吉。
上九：自天祐之，吉无不利。

（二）关键字、词解释

[1] 大有：卦名。大有（dà yǒu）卦是《易经》六十四卦之第十四卦，主卦是乾卦，卦象是天，特性是强健；客卦是离卦，卦象是火，特性是光明而依赖。《彖》曰："大有，柔得尊位，大中，而上下应之，曰大有。"《象》曰："火在天上，大有。君子以遏恶扬善，顺天休命。"

大有，龙"出渊入田"谓之大有。大有卦论述如何长保大有，并在大有的基础上继续发展。大有来之不易，守之亦艰。得大有，防"太有"，方可保大有。

[2] 无交害：交，连续不断，互相交织，互相纠缠。无交害，指没有连续不断的灾害。

[3] 匪：没有，不是，远离。

[4] 大车以载：大车，牛车。大车以载，比喻对财富安排与规划的合理方式。《象》曰："大车以载，积中不败也。"

[5] 有攸往：有所往，去该去的地方。

[6] 公用亨于天子：公用，公共费用。天子，代指国家或政府。

[7] 小人弗克：小人，指地位低、能力小的人，这里特指不用交纳税费的低收入者、无收入者、无工作能者。弗克，不用承担，无力承担。

[8] 匪其彭：匪，克服。彭，膨胀，得意，得意忘形。《象》曰："匪其彭，无咎，明辩晢也。"

[9] 厥孚交如：事事诚信的状态。《象》曰："厥孚交如，信以发志也。"

(三) 现代诠释与重构

卦辞：企业经过"否"与"同人"阶段，进入了"大有"阶段，很顺利、很亨通。因为，企业能够进入"大有"阶段，不仅仅是财富"大有"，一般而言，其能力、经验、道德、人际关系也达到了"大有"。这种综合性的、整体的"大有"，决定了企业在一定时间内很顺利、很亨通。如果企业在财富、能力、经验、道德、人际关系等某一方面出现了问题，其"大有"状态便会结束。因此，如何长保"大有"，对企业来说，是一个重大的战略性问题。

初九：企业近期没有连续不断的困难（灾害），没有（或远离）过错。但只有不忘过去艰难的岁月，不忘过去的经验与教训，坚守正道，努力奋斗，才会真的没有（或远离）过错。否则会留下祸患。

九二：企业财富达到"大有"，需要对财富进行战略性规划，根据近期、中期、远期的计划对财富进行合理的安排，要留有战略储备金，使企业的财富各有所归，去该去的地方。这样做，不会有过错。

九三：企业必须根据相关的法律、政策，按时、按量交纳各种税费。税费是国家正常运转的基础。企业的生存与发展离不开公共资源，交纳税费是对自己使用公共资源的补偿，是一种责任与义务。企业交纳的税费用于国防、教育、公共设施，其中一部分用于低收入者、无收入者、无工作能力者。这些人不用（不能或无法）交纳各种税费。税费政策是国家战略的重要组成部分，企业必须将国家战略内化为自己的战略。许多企业经过艰难的努力终于达到了"大有"，结果因税费问题走向衰败，甚至灭亡。

九四：企业达到"大有"之后，要防止、克服自己的心理与行为膨胀，低调低调再低调，作为刚出深渊之龙，不能大肆张扬，不能干不该干的事。企业的本性、企业领导者的人性需要在新的起点取得平衡。这样做，不会有过错。

六五：企业事事讲诚信，说到做到。这样，企业在产业内、在社会上就会有威望，受到尊敬。这是非常吉祥的。

上九：做到了以上五点，上天自会保佑企业，吉祥，无往而不利。

本节案例

施凯公司的"处'否'之道"

就在施凯公司由旧址搬迁到新址7个月后,公司发生了一次剧烈的震荡,成长—破坏性分裂爆发了。

从2009年开始,公司领导戴小东陆续从多方面获得的信息表明,有人在利用公司的资源与地位偷偷地干私活、拉私单,损害公司的利益。起初,戴小东并没有在意,因为,一方面,他相信他的部下,特别是他相信他的部门经理,这些经理已经与戴小东共事多年,精明能干,诚实可信,为公司的发展做出很大的贡献。特别是公司搬到新址后,具体事务基本交给了部门经理,戴小东自己则抽出更多的时间来进行战略性与策略性问题的思考。他不信任这些人,还能信任谁呢?另一方面,公司业务也一直在增长,公司发展势头向好。

但是,进入6月份,一些令戴小东想不到的问题出现了:一些装修工程出现了严重的质量问题,公司与顾客发生了不愉快;同时,公司的业务增长也变得缓慢。戴小东有一种不祥的感觉。7月的某天晚上,他突击检查公司部门经理的电脑,结果令他十分吃惊与愤怒:共有十多单工程没有进入公司的计划,总价值达数百万元。进一步的调查更令他吃惊,这十多单工程是业务部经理、设计部经理、工程部经理共同合作的"私活"。这种"私活"的流程是这样的:业务部经理将公司没有谈下来的工程以低于公司的价格谈下来,然后,私下交给设计部经理与工程部经理,由这两个部门分别负责"私活"的设计与施工。

作为公司的所有者与领导者,戴小东对此无法容忍。当晚,他思考对策,无法入睡。他很愤怒,也很难过。第二天早晨,他分别约见了三个部门的经理,并当场将他们从公司辞退,并亲自掌管三个部门。三位核心部门的经理同时被辞退,引起了整个公司的震荡,不少业务骨干与工程监理也受到牵连。整个公司人心浮动。如何面对、处理这些人与事正考验着公司的领导者。

三位部门经理同时被辞退严重损害了施凯公司的生存与发展能力,同时也打击了公司员工的士气。为了挽救自己一手创办的公司,戴小东想尽了办法。

首先,他找参与干私活的人谈话,使他们认识到自己的错误。戴小东指出,只要参与人员认识并承认错误,就可以留在公司继续工作,如果能力强、表现好,将来与其他的员工一样,可以得到提拔与加薪。总之,一切要看将来的表现。这一措施防止了事态的扩大化，将不良影响压缩到最小，从而稳定了人心。

其次，他召开由公司全体人员参加的大会。在会上，他如实地说明了整个事件的过程与真相，陈述了该事件对公司的影响。他说："从表面上来看，这件事对公司来说是一个严重的打击，它使公司同时失去了三位部门经理，而且都是业务骨干。但是，实际上，这个事件的出现挽救了施凯公司。设想一下，如果这一事件推迟一年、半年或三个月发现，公司就会彻底垮掉。这一事件表明，公司长期以来存在许多严重的问题，现在是解决这些问题的时候了。只要解决这些问题，公司很快就会步入正轨，并得到快速发展。因为，公司已经在佛山拼打了多年，在积累了比较雄厚的资金的同时，也积累了知名度，更为重要的是，积累了比较丰富的生存与发展的经验与技巧。只要公司全体员工同心同德，我们就会快速成长与发展。公司发展，员工发展。……"通过这次全体会议，公司的凝聚力大大提高了，员工的士气得到大幅度的提升。

再次，他分别将公司的核心成员与业务骨干请到自己的家里聚餐，由自己的母亲与妻子亲自下厨做饭烧菜。家里，是一个非正式的场合，也是一个亲情绽放的场合。这一举措使许多核心成员与业务骨干感动不已，他们不仅对公司领导戴小东有了亲近感，而且对戴小东一家也有了亲近感，从而使他们更愿意为公司的发展做出贡献与承诺。

最后，为了防止同一或类似事件的发生，戴小东反复宣传、强调公司的价值观，梳理公司的管理制度，着手建立监督与制衡体系。

（资料来源：本书作者根据企业访谈资料整理）

第二章　发展阶段

乾曰：见龙在田，利见大人。
坤曰：直、方、大、不习，无不利。

第一节　发展战略

一、谦（䷎）

（一）卦的原文

卦辞：谦[1]，亨，君子有终。
初六：谦谦[2]君子，用涉大川，吉。
六二：鸣谦[3]，贞吉。
九三：劳谦[4]，君子有终，吉。
六四：无不利，捴谦[5]。
六五：不富以其邻，利用侵伐，无不利。
上六：鸣谦[6]，利用行师，征邑国。

（二）关键字、词解释

[1] 谦（qiān）：卦名，《易经》六十四卦之第十五卦，主卦为艮，卦象为山；客卦为坤，卦象为地。山本高大，但根处于地下。《象》曰："地中有山，谦；君子以裒多益寡，称物平施。"《序卦传》："有大者不可以盈，故受之以谦。"《彖》曰："谦，亨，天道下济而光明，地道卑而上行。天道亏盈而益谦，地道变盈而流谦，鬼神害盈而福谦，人道恶盈而好谦。谦，尊而光，卑而不可逾，君子之终也。"

孔颖达曰："谦者，屈躬下物，先人后己，以此待物，则所在皆通，故曰亨。"

刘沅曰："有而不居曰谦。艮内止、坤外顺，谦之意。地卑下，山高大而居其下，谦之象。以崇高之德而处于卑下，谦之意也。"

《韩诗外传》云："德行宽裕，守之以恭者荣。土地广大，守之以俭者安。禄位尊盛，守之以卑者善。人众兵强，守之以畏者胜。聪明睿智，守之以愚者善。博闻强记，守之以浅者智。故《易》有一道，大足以守天下，中足以守其国家，近足以守其身，谦之谓也。"

谦分为两个方面：山谦与坤谦。山谦为谦下、谦让。坤谦实为兼，即广大、虚怀、包容、兼容并包。从卦象来看，坤（地）包容了无数座山。但山还是山，地还是地。从这个意义来说，谦者，兼也。兼言、兼行、兼人、兼事谓之兼。

企业发展到了"大有"，如龙"出渊在田"，只有实施"兼、谦"战略，方可吸引各类人才，方可继续吸收能量，继续成长。"同人"是"比"的升级版，"谦"则是"同人"的升级版。谦卦论述了兼、谦的重要性，陈述了兼、谦的三个层次，揭示了兼、谦的作用。

[2] 谦谦：谦谦，谓谦而又谦也。《象》曰："谦谦君子，卑以自牧也。"

[3] 鸣谦：言语、表情兼和谦。《象》曰："鸣谦贞吉，中心得也。"程颐曰："谦德积于中，发于外，见于声音颜色，曰鸣谦。"

[4] 劳谦：行为上兼、谦。另解，劳谦，谓勤劳而能谦虚也。劳，勤奋匪懈之意。《象》曰："劳谦君子，万民服也。"

[5] 㧑谦：㧑，伪也；伪，为也。㧑谦，即将谦变成了心理定式与行为模式。《象》曰："无不利，㧑谦，不违则也。"

[6] 鸣谦：兼、谦之名远播。

（三）现代诠释与重构

卦辞：谦者，兼与谦也。"兼、谦"意为广大、虚怀、兼顾、兼容、包容、谦下、谦让。企业实施"兼、谦"的战略，就会亨通顺利，就能得到长久的生存与发展（有终）。

初六：实施"兼、谦"战略的企业，可以成大事、克大难、平大险，吉祥。

六二：企业与企业领导者言语与表情兼、谦，坚持不懈，定会吉祥。

九三：企业与企业领导者行为兼、谦，坚持不懈，企业就能得到发展与壮大，定会吉祥。

六四：企业与企业领导者言语、表情与行为兼、谦，坚持不懈，形成习惯，形成固定的心理态势与行为模式，成为企业与企业领导人主导性的本性组合形态，成为企业文化的核心部分，企业心理情感能量场由兼、谦主导，兼、谦心理情感能量不断外溢，企业则无往而不利。

六五：企业在发展的过程中，始终坚持不牺牲而是充分兼顾、兼容利益相关者利益的原则，有利于企业开拓新的市场、新的领域，有利于开发新的技术，而且无往而不利。

上六：企业坚持不懈实施"兼、谦"战略，兼、谦之名远播，有利于组建各种团队，收购、兼并目标企业，实现企业跨越式发展。被收购、被兼并的企业也会心甘情愿、心悦诚服。对于企业来说，"兼、谦"战略实为最高等级的品牌战略，这种无形的品牌战略具有气吞山河之象。

二、豫（☷☳）

（一）卦的原文

卦辞：豫[1]，利建侯、行师。
初六：鸣豫[2]，凶。
六二：介于石[3]，不终日[4]，贞吉。
六三：盱豫[5]，悔；迟[6]，有悔。
九四：由豫[7]，大有得；勿疑，朋盍簪[8]。
六五：贞疾[9]，恒不死。
上六：冥豫[10]，成有渝[11]，无咎。

（二）关键字、词解释

[1] 豫：卦名，《易经》六十四卦之第十六卦，主卦（下卦）是坤卦，卦象为地；客卦（上卦）为震卦，卦象为雷。豫者，虞也、虑也、思也、防也。豫，提前思虑、提前准备、提前防范，实际上就是提前对某事进行计划、规划。谦卦上六中的"行师、征邑国"，需要提前进行周密的计划；豫卦中的"建侯、行师"，也需要提前进行周密的计划。

自大有卦起，企业由"潜龙在渊"阶段发展到"现龙在田"阶段。这两个阶段的管理模式存在很大的区别。在"潜龙在渊"阶段，企业的管理以应急管理为主，计划管理为辅。发展到"现龙在田"阶段，企业的管理以计划（规划）管理为主，应急管理为辅。从历史与现实来考察，由于各种原因，多数企业未能发展到"现龙在田"阶段。豫卦论述了战略计划的重要性，分析了制订、执行计划过程中可能出现的问题，指出了制订危机管理预（豫）案的重要性。制订各种计划是企业发展战略的重要组成部分，它贯穿企业的始终。

[2] 鸣豫：鸣，大肆宣扬。鸣豫，指大张旗鼓地宣扬、泄露具有战略意义的计划。

［3］介于石：困于石，泛指困难重重。

［4］不终日：指很快便掌握了情况并从困难中摆脱了出来。

［5］盱豫：盱（xū），忧愁，担心，怀疑。盱豫，指害怕和不愿意做战略计划工作，怀疑战略计划的作用与地位。

［6］迟：指迟迟不肯执行计划。

［7］由豫：把握时机，大力推行计划。

［8］朋盍簪：朋，将一定数量的贝串成一串谓之朋。盍，有合义。簪，束发的簪子。朋盍簪，即紧密团结、紧密协作。

［9］贞疾：贞，坚持不懈地执行计划。疾，困难，危险，痛苦。

［10］冥豫：冥，暗，隐，另。冥豫，暗暗准备其他计划。

［11］有渝：渝，变，变化。有渝，指情势发生了变化。

（三）现代诠释与重构

卦辞：豫，即提前思考、计划与准备，即实施事前控制战略。企业提前对发展战略进行详细的思考、计划、规划，有利于建立新的部门、新的业务单元、新的区域单元，也有利于对不遵守市场规范的竞争者发动攻击。

初六：建立新的部门、新的业务单元、新的区域单元，反映了企业重大的战略动向，是高度的商业机密；对不遵守市场规范的竞争者发动攻击是商战，亦是高度的商业机密。提前公布或泄露计划，十分凶险。

六二：企业在制订战略计划时，会困难重重，如困于巨大的乱石之中，但如果这种情况很快得到缓解，坚持下去，就会吉祥。

六三：如果企业成员、特别是企业领导者对计划的作用与地位表示高度怀疑，不愿意事前制订计划，肯定会后悔。如果迟迟不肯执行计划，错失良机，影响计划的推进，给企业带来重大的损失，那就会真的"有悔"。

九四：企业把握时机，按战略计划大力推进相关的事务，会有大收获。这需要企业上下不疑不惑，团结一心，共同努力。

六五：企业在推进相关计划时会遇到重重困难，十分痛苦，但只要坚持下去，最终会克服艰险，渡过难关。

上六：企业在就某事制订战略计划 A 时，一定要根据预测可能发生的变化，同时制订计划 B 和 C，甚至计划 D。万一企业内外形势发生巨大变化，便可根据情况启动相应的豫（预）案，并根据企业内外形势对豫（预）案进行修改与调整，如此就可以将损失降到最低，就不会出现大的过错（灾难）。

三、随（䷐）

（一）卦的原文

卦辞：随[1]，元亨利贞，无咎。
初九：官有渝[2]，贞吉；出门交，有功。
六二：系小子[3]，失丈夫[4]。
六三：系丈夫，失小子，随有求[5]得[6]，利居贞。
九四：随有获，贞凶。有孚，在道以明[7]，何咎？
九五：孚于嘉，吉。
上六：拘系之[8]，乃从维之[9]，王用亨于西山[10]。

（二）关键字、词解释

[1] 随：卦名，《易经》六十四卦之第十七卦。随卦的主卦是震卦，卦象是雷，特性是运动；客卦是兑卦，卦象是泽。随，变也，即随形势的变化而做出变化、改变、调整。随卦论述了随形势而做出变化、改变、调整的原则与重要性，分析了这个过程可能会遇到的问题，并提出了相应的解决之道。

[2] 官有渝：官，官方，政府，制度，政策。渝（yú），变化，改变，调整。官有渝，政治环境发生了变化，泛指企业外部环境发生了变化。

[3] 小子：年轻人，此处指年轻有为、敢想敢干、观念新颖、经验不足的人。

[4] 丈夫：年龄稍长的人，此处指经验丰富、老成稳重的人。

[5] 有求：有目标。

[6] 得：实现，成功，有进展。

[7] 在道以明：在道，坚守正道，坚守中道。以明，指明方向。

[8] 拘系之：用强力手段使之跟随。

[9] 乃从维之：感化其心灵，使其心服。

[10] 王用亨于西山：泛指取得巨大成就而举行的盛大庆典。

（三）现代诠释与重构

卦辞：随，就是变，变化，改变，修改，调整。企业的战略、计划（规划）、制度、政策、组织结构随着企业内外环境的变化而做出调整，企业将会获得新的原动力，会亨通顺利，有利于企业长期生存与发展。只要坚持随环境变化而变化的原则，就不会有大的过错。

初九：外部大环境发生了较大的变化，企业坚持随变之道（与时俱进），调整企业的战略、计划（规划）、制度、政策、组织结构，吉祥。同时，企业走出去，重新协调、调整企业与外部的关系，企业会获得新的发展。

六二：企业在调整内部的战略、计划（规划）、制度、政策、组织结构，协调、调整外部关系的同时，需要对内部人事进行调整。企业可能会面临这样两难的选择：起用年轻有为、敢想敢干、观念新颖但不够成熟稳重的新人，就会弃用经验丰富、老成稳重的干将。

六三：经过反复权衡，企业启用经验丰富、老成稳重的干将，让年轻有为、敢想敢干、观念新颖但不够成熟稳重的新人再多一些历练与学习。企业调整内部的战略、计划（规划）、制度、政策、组织结构，协调、调整外部关系，对内部人事进行调整等，都需要有明确的目标，否则，就会迷失方向（更有甚者会演变成内部斗争与迫害）。企业员工团结合作、努力工作，终有所得（创造了近期成果），如此，有利于安定人心，有利于企业长期坚守自己的事业，推动企业不断向前发展。

九四：企业执行调整之后的战略、计划（规划）、制度、政策、组织结构及与外部的关系有所收获，但前景仍然不明，坚持下去可能十分凶险。但只要企业坚守诚信，坚守正道，给企业及企业员工指明正确的大方向，会出现什么大的过错呢？

九五：企业在急剧变化的环境中执行随变之道以谋求生存与发展，能够坚守大诚大信的原则，吉祥。小诚，心与言、行相一致；大诚，心、言、行与仁、义、礼（制度规范）、智（价值观）相一致。小信，言与行相一致；大信，言、行与仁、义、礼（制度规范）、智（价值观）相一致。

上六：企业坚持随变之道，有些人因利益受损而反对，有些人因其他原因而反对。企业可以用强制手段使其在行为上服从、跟随，用价值观、宗旨、远景、企业的光辉历史使其在心里信服。经过企业全体成员共同努力，终于取得了巨大的成就，企业又上了一个新台阶，企业便可欢庆，即所谓"用亨于西山"。

本节案例

三一重工的"兼、谦之道"

2012年,三一重工控股子公司三一德国和中信基金共同出资3.6亿欧元收购普茨迈斯特100%股权。这是当时第一例中国企业收购德国大型家族企业的成功案例。

在并购整合阶段前期,普茨迈斯特的员工(包括上海本部)都有些抵触情绪。据德国媒体报道,普茨迈斯特当初发生过罢工风波,德国人担心将技术卖给中国人后会出现"教会徒弟,饿死师傅"的现象,担心中国人学会技术后将流水线搬到中国,然后就开始大批裁员。对此,三一重工承诺不解雇一个员工,并且跟他们的CEO签了5年合同,并要通过拓宽普茨迈斯特产品线来增加就业,招聘更多海外员工。一般的并购第一件事就是把管理团队换掉,但三一重工并购普茨迈斯特后,保持了它的高度自治,其原总裁Norbert Scheucht留任,并进入公司管理层。向文波总结道:"我记得Scheucht对中国文化很感兴趣,尤其是对《论语》很有研究,其最喜欢的一句话就是'己所不欲,勿施于人'。正是因为咱们做到了这一点,他才安心地把'大象'交给我们。"

2022年5月3日,三一重工收购普茨迈斯特迎来了十周年纪念日。十年来,普茨迈斯特业务保持良性经营状态,盈利能力持续上升,管理不断改善,未来成长可期。

(案例来源:作者根据网络资料整理。)

第二节　积弊的清除与文明化

一、蛊（䷑）

（一）卦的原文

卦辞：蛊[1]。元亨，利涉大川；先甲三日，后甲三日[2]。
初六：干父之蛊[3]，有子，考无咎。厉，终吉。
九二：干母之蛊[4]，不可贞。
九三：干父之蛊小有悔，无大咎。
六四：裕父之蛊[5]，往[6]见吝。
六五：干父之蛊，用誉[7]。
上九：不事王侯[8]，高尚其事。

（二）关键字、词解释

[1] 蛊（gǔ）：卦名，《易经》六十四卦之第十八卦，主卦是巽卦，卦象是风；客卦是艮卦，卦象是山。《象》曰："山下有风，蛊，君子以振民育德。"

蛊者，事也，疾也，弊也。"大有"久而蛊，因此，蛊就是长期积累而留下的问题、弊端。但蛊卦所论述的是处蛊之道。

蛊卦是否卦的升级版。否卦是就"城复于隍"事件进行反省、进行批评与自我批评、进行人事调整。蛊卦则是就企业自成立以来，逐步积累的问题、弊端进行反省、进行纠正、进行人事调整。这些问题有些是关键性的、实质性的，如果不纠正会影响企业的生存与发展。有些则是非关键性的、非实质性的，这些问题的存在不会影响企业发展的大局。对待不同性质的问题应有不同的处理方法。因此，否与蛊，是企业发展战略至关重要环节，缺少这两个环节，企业将无法继续前行。

[2] 先甲三日，后甲三日：《子夏传》云"先甲三日者，辛、壬、癸也。后甲三日者，乙、丙、丁也"。马融曰："甲在东方，艮在东北，故云：先甲。

巽在东南，故云：后甲。所以十日之中唯称甲者。甲为蛊卦十日之首，蛊为造事之端，故举初而明事始也。言所以三日者，不令而诛谓之暴，故令先后各三日，欲使百姓遍习，行而不犯也。"在此处，"先甲三日，后甲三日"指的是事前充分准备，事后充分分析与总结，即事前控制与事后控制。

[3] 干父之蛊：干，处理，解决，革除。父之蛊，父亲留下来的问题与弊端，泛指关键性、实质性的问题与弊端。《象》曰："干父之蛊，意承考也。"

[4] 干母之蛊：母之蛊，母亲留下来的问题与弊端，泛指非关键性、非实质性的问题与弊端。《象》曰："干母之蛊，得中道也。"

[5] 裕父之蛊：裕，宽容，放纵，放任不管或处理不严、不彻底。《象》曰："裕父之蛊，往未得也。"

[6] 往：将来，未来。

[7] 用誉：赞扬，表扬。《象》曰："干父用誉，承以德也。"

[8] 不事王侯：泛指隐退。《象》曰："不事王侯，志可则也。"

（三）现代诠释与重构

卦辞：蛊，即革除历史遗留下来的弊端，如此，可以使企业获得发展的原动力，使企业亨通顺利，有利于企业继续前行，干一番大事业。为此，企业在时间上与心理上都要有充分的准备，做好事前控制与事后控制，即所谓"先甲三日，后甲三日"。

初六：对于企业历史遗留下来的实质性与关键性的问题与弊端，由现任领导者负责进行全面、详细、公正的调查研究，分析其产生的背景、原因与造成的不良影响，找出解决问题的对策。这样做没有错。这个过程会十分艰难，但如果问题得到合理（彻底）解决，企业心理情感能量场将恢复平衡，企业最终会吉祥。

九二：对于企业历史遗留下来的非实质性、非关键性的问题与弊端，也要纠正与整治，但不可在这些问题上纠缠不休、小题大做，浪费太多的时间与精力，要适可而止。

九三：解决、整治企业历史遗留下来的实质性与关键性的问题与弊端，企业内外的利益相关者在心理上可能会产生小的悔、怨、恨、妒，在行为上也会有所表现，但不会引起大的问题与麻烦。

六四：对于企业历史遗留下来的实质性与关键性的问题与弊端，放任不管，或整治得不彻底，将来企业会出大问题，会来一次总的爆发，企业会追悔莫及。

六五：在对企业历史遗留下来的实质性与关键性的问题与弊端进行整治与纠正的过程中，要充分肯定企业成立以来所取得的巨大成绩，充分继承并发扬企业已经存在的优良的制度、传统与文化，表扬、奖励那些为企业做出过贡献的人。这样做有利于提升企业的凝聚力、士气与工作效率，有利于提升企业成员的荣誉感、自豪感与奉献的欲望。企业需要先进人物、模范人物与英雄人物；企业需要传奇，需要成功的历史。

上九：在对企业历史遗留下来的实质性与关键性的问题、弊端进行整治与纠正的过程中，要进行相应的人事调整。有些为企业做出过重大贡献的人，为了企业长远的发展，他们主动放弃自己的职位，退居二线或者退休。企业要善待这些元老，让他们的行为成为企业的典范。否则，企业员工会十分寒心，严重损害企业的凝聚力、士气与工作效率。

二、临（䷒）

（一）卦的原文

卦辞：临[1]。元亨，利贞，至于八月[2]有凶。
初九：咸[3]临，贞吉。
九二：咸临，吉无不利。
六三：甘[4]临，无攸利；既忧之，无咎。
六四：至临[5]，无咎。
六五：知[6]临，大君之宜，吉。
上六：敦[7]临，吉，无咎。

（二）关键字、词解释

[1] 临（lín）：卦名，《易经》六十四卦之第十九卦，主卦是兑卦，客卦是坤卦。《序卦传》："有事而后可大，故受之以临，临者大也。"大，大有可为，大有作为。从临的卦辞与爻辞来看，临，即是督促、监察、处理、化解等（可统称为"管理"）。蛊卦提供了干蛊的基本原则，临卦、观卦则提供了干蛊的具体方法。

[2] 至于八月：泛指不久的将来。
[3] 咸：感，感应，感化。

[4] 甘：甜言蜜语，花言巧语。
[5] 至临：到现场，深入现场。
[6] 知：智，智慧。
[7] 敦：敦厚，品德敦厚。

（三）现代诠释与重构

卦辞：临，即是督促、监察、处理、化解等（可统称为"管理"）。处理、化解企业的问题与弊端（实质性的与非实质性的），企业可以获得原动力，会亨通顺利，有利于企业长期生存与发展。虽然在不久的将来，企业可能会面临巨大的困难，有凶险，但只要企业领导者提前做好应对准备，加大督促、监察的力度，便可将凶险所带的损失降到最低。

初九：用感化、感应的方式处理、化解企业中的问题与弊端（实质性的与非实质性的），坚持下去，就会吉祥。

九二：如果企业在处理、化解企业中的问题与弊端的过程中，坚持正道与诚信，形成有效的感应、感化机制，则十分吉祥，且无往而不利。

六三：企业如果用花言巧语、甜言蜜语去处理与化解问题和弊端，则没有任何好处。如果对这种方法很担心，且及时改正，则不会出现大的过错。

六四：企业领导者到现场去，进行深入的调查研究，化解、处理问题与弊端，没有过错。

六五：运用智慧处理、化解问题与弊端，是企业最高领导者应有的处事之道，吉祥。

上六：启用品德敦厚的元老去处理、化解企业中的问题与弊端，吉祥。这样做没有过错。

三、观（☷）

（一）卦的原文

卦辞：观[1]，盥而不荐[2]，有孚颙若[3]。
初六：童观[4]，小人[5]无咎，君子吝。
六二：闚观[6]，利女[7]贞。
六三：观我生[8]，进退。
六四：观国之光[9]，利用宾于王。

九五：观我生，君子无咎。

上九：观其生，君子无咎。

（二）关键字、词解释

[1] 观（guān）：卦名，《易经》六十四卦之第二十卦，主卦是坤卦，卦象是地；客卦是巽卦，卦象是风。"至临"需观，即深入、全面观察、考察企业的问题与弊端，了解蛊之所由、蛊的特征与内在结构，以求解决之道。《象》曰："风行地上，观。先王以省方观民设教。"

[2] 盥而不荐：盥（guàn），洗，意指净身、净心。荐（jiàn），举荐，自荐，荐食，荐食于神。不荐，意指净心，无私，不干神意。王弼曰："王道之可观者，莫盛乎宗庙。宗庙之可观者，莫盛乎盥也。至荐简略，不足复观，故'观盥而不荐'也。"

[3] 有孚颙若：孚（fú），诚信。颙（yóng），庄严，庄重，仰慕。有孚颙若，形容诚心诚意、仪态庄严。

[4] 童观：童，幼稚，初步，粗浅。《象》曰："童观，小人道也。"

[5] 小人：此处指地位、职位低的人，而不是指品德低下的人。

[6] 闚（kuī）观：闚，从隐蔽处看，从门缝看，泛指从局部（或某一点）看待问题、观察问题。

[7] 女：与男相对，指地位、职位不高的人。

[8] 生：身，即行为，所作所为。

[9] 观国之光：光，光辉，光荣，光大。《象》曰："观国之光，尚宾也。"

（三）现代诠释与重构

卦辞：观即对企业中存在的蛊进行观察、考察、审查，这是一件十分重要、十分严肃、十分庄重的事情，观察、考察、审查者及其他相关人员必须如同祭祀神灵一般，净身净心，诚心诚意，心怀敬畏。

初六：对企业存在的蛊进行粗浅的观察、考察、审查，知其然而不知其所以然，谓之童观。童观，对企业一般员工而言是正常的，没有过错，因为他们得到的信息极为有限。但对企业的高层领导者来说，则是不应该的。企业高层领导者对企业中蛊的观察、考察、审查应精细而深远，了解蛊的现象，分析蛊发生发展的原因，剖析蛊的作用机制及其给企业带来的不良影响，最后还要提出解决的对策。

六二：对企业中存在的蛊进行局部而带有偏见的观察、考察、审查，谓之窥观。窥观对于企业基层部门的经理来说是正常的，因为他们的角度与高层管理者不同，得到的信息极为有限，因此，他们只能从自己部门的利益来观察、考察、审查企业中的蛊。窥观对于基层部门的经理们管理自己部门是有好处的，有利于促进本部门的成长与发展，维护本部门的利益，赢得本部门成员的支持。

六三：企业的中高层领导需要就企业中存在的蛊进行自我反省，观察、考察、审查自己在蛊的形成、发展中所起的作用，并提出应对措施，该改正的要改正，该承担责任的要主动承担责任。

六四：在对企业中存在的蛊地行考察、观察、审查的过程中，需要考察、观察、审查、挖掘企业的成绩、成就、英雄、榜样、传奇，充分肯定企业对社会的贡献，这样做有利于增强企业的凝聚力，提升企业员工的士气，同时给外界（特别是政府）树立良好的形象。

九五：企业的最高领导者（们）需要就企业中存在的蛊进行自我反省，观察、考察、审查自己在蛊的形成、发展中所起的作用，并提出应对措施，该改正的要改正，该承担责任的要主动承担责任。这样做没有过错。

上九：企业的董事长需要就企业中存在的蛊进行自我反省，观察、考察、审查自己在蛊的形成、发展中所起的作用，并提出应对措施，该改正的要改正，该承担责任的要主动承担责任。同时，企业的董事长还需要就企业中存在的蛊对以总经理为代表的最高管理层进行观察、考察、审查，观察、考察、审查他们在蛊的形成、发展中所起的作用，并提出应对措施。这样做没有过错。

四、噬嗑（☲☳）

（一）卦的原文

卦辞：噬嗑[1]，亨，利用狱。
初九：屦校灭趾[2]，无咎。
六二：噬肤灭鼻[3]，无咎。
六三：噬腊肉[4]遇毒[5]，小吝，无咎。
九四：噬干胏[6]，得金矢[7]，利艰贞，吉。
六五：噬干肉，得黄金[8]，贞厉，无咎。
上九：何校灭耳[9]，凶。

（二）关键字、词解释

[1] 噬（shì）嗑（hé）：卦名，《易经》六十四卦之第二十一卦，主卦是震卦，卦象为雷；客卦离卦，卦象是火、电。噬是咬，嗑是上颚与下颚合拢，噬嗑是上下颚咬合，将吃的东西咬碎的意思。《象》曰："雷电，噬嗑，先王以明罚敕法。"《彖》曰："颐中有物，曰噬嗑，噬嗑而亨。刚柔分，动而明，雷电合而章。柔得中而上行，虽不当位，利用狱也。"上下咬合，意指立法建章，断刑明狱。

在对蛊进行"观"之后，就需要实质性地解决蛊。为此，必须制定处罚制度。处罚制度必须针对事（即蛊）而非人，如此，处罚制度才具有合法性、合理性与可持续性。就噬嗑卦的内容来看，噬嗑卦论述了制定处罚制度的重要性与原则，提出不同错误应采取不同的处罚措施，指出了过度处罚的危害。在履卦中，企业制定了制度规范，使企业走向了制度化与规范化。而噬嗑卦则对企业的制度规范进行了补充与完善。

[2] 屦（jù）校灭趾：屦，履也，古代用麻葛织成的鞋。校，校样，模样，模板，标准，原则。屦校，鞋样，意指处罚的原则与标准。屦校灭趾，根据鞋样做的鞋要把脚趾包起来，意指要根据处罚原则与标准，制定详细、周全的处罚制度，不能存在真空地带（即漏洞）。

[3] 噬肤灭鼻：肤，表面，意指新出现的问题与弊端。灭鼻，咬得深，咬得狠，意指狠狠地处罚。

[4] 噬腊（xī）肉：腊，晾干。腊肉，干肉。

[5] 遇毒：陈旧腊肉必须仔细清洗干净，方可食用。意指处理历史遗留下来的问题与弊端（陈年旧蛊）要小心、耐心。

[6] 干胏（zǐ）：干肉，此处特指带骨的干肉。意指错误十分严重的死硬分子。

[7] 金矢：代指刀、斧等工具。带骨头的干肉，须用"金矢"强力去骨方可食用。

[8] 黄金：巨额罚金。

[9] 何校灭耳：指严重超标准处罚。《象》曰："何校灭耳，聪不明也。"

（三）现代诠释与重构

卦辞：噬嗑，上下咬合，意指确立合法、合理、合情的处（刑）罚原则与制度，如此，企业就会亨通、顺利，有利于对不同的错误行为进行恰如其分的惩罚。

初九：企业确立处罚原则与标准，制定详细的处罚制度，尽可能不要留有真空地带（即漏洞），以约束企业员工与部门的行为，使企业员工与部门走正道，这样做没有过错。在确立处罚原则、制定处罚制度时，对事而不对人，防止制度利益锚定，这样的处罚制度才具有合法性、可行性与可持续性。

六二：对新出现小的但影响深远的问题与弊端，要根据规章制度狠狠地处罚，让犯事者（个人或部门）痛彻心扉，让企业成员对企业的规章制度心怀敬畏，以防止相同或类似的问题与弊端再次发生。小的问题与弊端不受到严厉的处罚，就会发展成大问题与大弊端。防微杜渐是立章建制的基本原则。这样做没有错。

六三：对于历史遗留下来的问题与弊端（陈年旧蛊），涉及人数众多，影响深远，须小心、耐心处理。由于时间久远，情况复杂，信息不全，处罚可能会出现小小的不当情况，处理者与被处理者心理情感也会有所不适，但是，没有过错。

九四：处理关键性、实质性的问题与弊端（干父之蛊），关系到企业的生存与发展，必须使用强力（强制）手段，对错误十分严重的死硬分子，该开除的要开除，该报警的要报警。这是企业构建处罚制度的重要原则。这样做会十分困难，但只要坚持不懈、心怀正道，就会吉祥，企业也会在艰难困苦中获得生存与发展。

六五：在处理关键性、实质性的问题与弊端（干父之蛊）的过程中，相关人员与部门态度端正，积极配合，对相关人员与部门必须根据处罚原则与制度，处以巨额罚金。这个过程很艰难，但只要坚持原则、坚守制度、心怀正道，这样做就没有过错。

上九：惩罚严重超标，或制定过分严厉的处罚原则与制度，对企业来说，十分凶险。如此，企业心理情感能量场会充满怨、恨、仇、恐、惧等心理情感能量；企业没有凝聚力与归属感，士气低落，效率低下，奉献精神缺失，企业最终会解体。

五、贲（䷕）

（一）卦的原文

卦辞：贲[1]。亨，小利有攸往。

初九：贲其趾[2]，舍车而徒。
六二：贲其须[3]。
九三：贲如濡如，永贞吉。
六四：贲如皤如，白马翰如，匪寇？婚媾。
六五：贲于丘园，束帛戋戋，吝，终吉。
上九：白贲，无咎。

(二) 关键字、词解释

[1] 贲（bì）：卦名，《易经》六十四卦之第二十二卦，主卦是离卦，卦象是火；客卦是艮卦，卦象是山。贲，帛《易》作"繁"，有修饰、文饰之义。《序卦》："贲，饰也。"《彖》曰："贲，亨。柔来而文刚，故亨。"《象》曰："山下有火，贲。先王以明庶政，无敢折狱。"

贲，即装饰、修饰、修养、仪式、仪表、行为文明，用今天的话来说就是文明建设。噬嗑，讲的是处罚，即用处罚来约束人们的行为，是一种外部的强制力。贲，讲的是自我修养与仪式化，即人们通过自我修养与仪式来约束自己的行为。文明行为的基础是自觉自愿，是内在的原动力。对于个人与企业来说，提高修养、构建仪式、树立形象，给外界良好的第一印象非常重要。噬嗑、贲各自有着不同的领域与功能。

[2] 趾：脚趾，表示行为。

[3] 须：胡须，面容、表情、语言的指代。

(三) 现代诠释与重构

卦辞：贲，即装饰、修饰、修养、仪式、仪表、行为文明。装饰、修饰、修养、仪式、仪表、行为文明不仅可以使个人、企业在小事上亨通顺利，同时，使人与人之间的关系、企业与企业之的关系、个人与企业之间的关系、企业与社会的关系变得顺畅、润泽，有利于个人与企业的生存与发展，有助于达到想要达到的目标。

初九：装饰、修饰自己的行为，为他人着想，在人多的地方和其他必要的地方，下车徒步而行，控制好自己的马与车，以免给他人带来不便或损失。企业在经营的过程中，装饰、修饰自己的行为，为利益相关者的利益着想，控制好自己的决策与行为，以免给利益相关者带来不便或损失。这便是《象》辞所说"舍车而徒，义弗乘也"的真正含义。

六二：装饰、修饰自己的面容、表情与语言，润泽人与人之间的关系。个人与企业都须如此。

九三：装饰、修饰、文饰、文明自己，润泽自己、他人与社会，一直坚持下去，吉祥。《象》曰："永贞之吉，终莫之陵也。"意思是说，之所以吉祥，是因为坚持不懈地装饰、修饰、文饰、文明自己，就始终不会冒犯他人。

六四：穿漂亮、飘逸的服饰，骑高大、骏美的白马，没有问题，因为是娶亲嘛！婚姻是人生的大事，需要有仪式感，要有必需的礼节。其他的红白之事、节日庆典等也需如此。仪式、礼节可以调节人与人、企业与企业、个人与企业之间的关系，润泽人们的心灵与行为。

六五：每遇节庆喜事，量力而行，装饰、装点自己的庭院。有时简单了一点，显得有点寒酸，但终会吉祥。

上九：行为、言语、表情质朴；红白之事、节庆之日，仪式简单得体，庭院装饰简洁朴素，没有过错。

本节案例

干父之蛊

换了12任厂长也没摆脱亏损的一家国有企业，却在一个农民手里起死回生。1994年5月，当王义堂接手河南泌阳县水泥厂时，该厂亏损123万元，到年底，王义堂却使该厂盈利70万元。第二年实现利税525万元。第三年在原材料价格大幅度上涨的情况下，仍实现利税470万元。

当时水泥厂多年亏损，再任命谁为厂长呢？难！有人说："让王义堂试试吧！"王义堂？这个提议让大家一愣：他是水泥厂所在地的农民，怎么能当国有企业的厂长呢？可大家再一琢磨，认为王义堂有本事，他和人合伙开办的公司，个个盈利。县里与王义堂签订了委托经营协议。王义堂交10万元抵押金，企业亏损，抵押金没收；企业盈利，退还抵押金本息，还可按30%的比例得到奖励。

谈起当时厂里的情况，王义堂至今记忆犹新：全厂413名职工，其中行政管理人员113人，厂长一正八副，各自为政。一个科室有五六个人，天天没事干。来三五个客人，是两桌相陪；来一个客人，也是两桌相陪。20个月吃掉30多万元。

上任后，王义堂把原来的9个正、副厂长全部免掉，但对原来的规章制度没有改变，只是不让原来的制度成为挂在墙上的空口号。他规定，职工犯错误只允许三次,第四次就开除。不过,他到底也没开除一个人,倒是有二三十个懒汉主动调走了,因为实行计件工资后,这些人再也不能像以前那样光拿钱不干活了。于是,企业每小时水泥的产量从过去的五六吨提高到十多吨。

起初,有城里人身份的人对王义堂的严格不很满意,但王义堂早上5点钟就上班,一天在厂里呆十几个小时,他的责任心,最终让职工认可了。

(资料来源:王方杰《一国企业换了12任厂长没救,一农民交抵押担纲盈利》,载《中国青年报》1997年4月22日。)

第三节　反噬及其应对战略

一、剥（☷☶）

（一）卦的原文

卦辞：剥[1]。不利有攸往。
初六：剥床以足[2]，蔑[3]贞凶。
六二：剥床以辨[4]，蔑贞凶。
六三：剥之，无咎。
六四：剥床以肤，凶。
六五：贯鱼，以宫人宠，无不利。
上九：硕果不食，君子得舆[5]，小人剥庐[6]。

（二）关键字、词解释

[1] 剥：卦名，《易经》六十四卦的第二十三卦，主卦是坤卦，卦象是地；客卦是艮卦，卦象是山。《象》曰："山附于地，剥。"

剥者，反噬也。反噬是一种普遍现象与规律。当一个人或一个组织把某件事做过了头，就会被该事的后果所伤，即所谓的反噬。反噬是一点点发生的，不容易引起人们的警觉，有点像温水煮青蛙。

剥卦论述的就是反噬现象。企业在经过制度化（履、噬嗑）与文明化（贲）之后，会变得相对稳定与繁荣。但随着时间的推移，制度规范会变得越来越多、越来越细，企业中的个人与部门自主的空间越来越小，主动性与积极性受到严重的约束，企业变得官僚化、低效化、冷漠化。但是企业中的个人与部门是有欲望的，为了满足自己不正当的欲望，他们开始找各种理由将不正当的欲望通过制度来现实，从而企业开始出现腐败制度化。同时，随着文明化的推行，企业开始变得形式化、仪式化与表面化。

官僚化、低效化、冷漠化、腐败制度化、形式化、仪式化与表面化是制度化（履、噬嗑）与文明化（贲）过度对企业的反噬。在这种大环境下，企业整体士气低下、凝聚力不高、工作散漫、互相奉承、互相吹捧、空话假话套话连篇、文山会海，对企业的生存与发展造成严重的损害，剥蚀（反噬）企业的根基，企业呈现出剥（衰）败之象：企业业绩不断下降、客户不断流失、社会形象不断下降、利益相关者严重不满。

[2] 剥床以足：床，国家、企业、学校等组织的指代词。足，基层的指代词。《象》曰："剥床以足，以灭下也。"

[3] 蔑：蔑视，不重视，虽然看见了但并不重视。

[4] 辨：古代床脚与床腿的连接部分，此处指代企业的中层（或中下层）。

[5] 君子得舆：舆，车。得舆，得车，泛指受到重用，得到拥戴。《象》曰："君子得舆，民所载也。"

[6] 小人剥庐：庐，房舍，安身之所。剥庐，被剥夺安身之所，意指弃而不用。《象》曰："小人剥庐，终不可用也。"

（三）现代诠释与重构

卦辞：剥，反噬，即制度化与文明化过度对企业反噬。企业呈现出官僚化、低效化、冷漠化、腐败制度化、形式化、仪式化、会议化、表面化，企业整体士气低下、凝聚力不高，企业成员工作散漫、互相奉承、互相吹捧、空话假话套话连篇，致使企业业绩下降、客户流失、社会形象下降、利益相关者不满。在这种状态下，不利于企业做想做的事情，更不利于个人与部门做想做的事情。

初六：企业的基层呈现出剥败之象：士气低下、凝聚力不高、工作散漫、互相奉承、互相吹捧、空话假话套话连篇、文山会海。人们注意到（看到、观察到）了，但没有引起重视，更没有采取相应的对策与行为，剥败继续发展，长此以往，凶险。

六二：企业的中（或中下）层呈现出剥败之象：官僚化、低效化、冷漠化、形式化、仪式化、表面化、互相奉承、互相吹捧、空话假话套话连篇、文山会海。人们注意到（看到、观察到）了，但没有引起重视，更没有采取相应的对策与行为，剥败继续发展，长此以往，凶险。企业中层（或中下）的地位十分特殊与重要，它连接企业的基层与高层。

六三：企业的中高层呈现出剥败之象，没有受到责难与处罚，剥败、反噬继续发展。

六四：企业高层呈现剥败之象，凶险。

六五：企业最高管理者呈现剥败之象，企业各个层级的人员争相效仿，以讨最高管理者的欢心，剥败、反噬、剥蚀大行其道。企业危在旦夕。

上九：企业董事会、董事长坚守正道，洞悉到了过度制度化与文明化巨大的反噬力，没有呈现剥败之象，企业复兴有望。在企业推行复兴战略的过程中，坚守正道的君子将得到重用，道德败坏的小人将失去原有的安身立命之所。

二、复（☷☳）

（一）卦的原文

卦辞：复[1]。亨，出入无疾，朋来无咎；反复其道，七日[2]来复。利有攸往。

初九：不远[3]复，无祗悔，元吉。

六二：休复，吉。

六三：频复[4]，厉，无咎。

六四：中行独复。

六五：敦[5]复，无悔。

上六：迷复[6]，凶，有灾眚；用行师，终有大败[7]，以其国君[8]凶，至于十年[9]不克征。

（二）关键字、词解释

[1] 复（fù）：卦名，《易经》六十四卦之第二十四卦，主卦是震卦，卦象是雷，卦意是动、强、刚；客卦是坤卦，卦象是地，卦意是静、厚、弱、柔、宽。《象》曰："雷在地中，复。先王以至日闭关，商旅不行，后不省方。"

复，光复、恢复、返回原来的状态。企业被过度的制度化（履与噬嗑）与文明化（贲）所反噬，出现剥败之象，严重影响企业的生存与发展。企业要想光复、恢复、返回原来的状态，就必须从根源清除问题产生的原因。复卦论述了对抗反噬，光复、恢复、返回原来的状态的原则、方法及应注意的问题。因此，复卦是宏大的光复战略擘画与战略述事。通过这一战略可以重构企业"理想的"心理情感能量场。

[2] 七日：形容不久的将来。

[3] 不远：即在错误的道路上走得不远。

[4] 频复：反反复复。《象》曰："频复之厉，义无咎也。"

[5] 敦：敦厚。《象》曰："敦复无悔，中以自考也。"

[6] 迷复：在光复的过程中迷失方向。《象》曰："迷复之凶，反君道也。"

[7] 终有大败：不可轻启战端。孙子曰："主不可以怒而兴师，将不可以愠而致战，合于利而动，不合于利而止。怒可以复喜，愠可以复悦，亡国不可以复存，死者不可以复生，故明君慎之，良将警之，此安国全军之道也。"好武喜功，终致轮台罪己。

[8] 以其国君：以国君的名义发动战争，意指在最高统治者的主导下发动战争。

[9] 十年：形容时间久。

（三）现代诠释与重构

卦辞：如果企业实施光复战略成功，企业便会亨通、顺利，出入都没有麻烦，不论什么样的朋友来了也不会有问题。光复是一个漫长的过程，其间会反反复复，但只要抓住时机，坚守正道，企业很快就会走向光复之路，有利于达到想要达到的目标。

初九：不要等剥败发展到不可收拾的状态才进行光复，要抓住时机，及时实施光复战略，如此，就不会有大的悔恨，能够给企业提供新的原动力，十分吉祥。

六二：在实施光复战略的过程中，停下来进行反思、总结是十分重要的。企业需要反思哪些制度对企业生存与发展有利，需要保留；哪些制度威胁到企业的生存与发展，成了反噬力量，造成了企业剥败之象，需要坚决终止与废除。对企业的文明措施与仪式亦是如此。同时，要总结前一阶段的成败得失，吸收成功的经验与失败的教训。这样做很吉祥，因为反思、总结可为企业后继光复行动指明方向，提供动力。

六三：在实施光复战略的过程中，剥的力量与复的力量会不断较量，互相纠缠，此消彼长，此长彼消，斗争十分激烈，光复的过程反反复复、十分艰难。但只要坚守正道，不断努力，朝着光复之路奋勇前进，就不会有什么咎害。

六四：在实施光复战略的过程中，需要培育中坚力量，利用中坚力量寻找光复的突破口与切入点，取得成绩；树立模范与典型，让企业成员看到光复的希望与前景，同时供企业其他部门学习与借鉴。

六五：在实施光复战略的过程中，战略制定者与实施者的品德、行为要敦厚，相关的政策也要敦厚，善待企业中相关的人员。如此，就不会有什么悔恨。企业应该清楚地明白，剥败之象之所以发生，与企业成员没有太大的关系，而是过度制度化与过度文明化所形成反噬力量作用的结果。

上六：在实施光复战略的过程中，最大的陷阱与错误就是迷失光复的方向，很凶险，会自招天灾人祸，给企业造成无尽的巨大苦难。例如，借光复之名发动战争（商战），美其名曰"光复之战"，可能刚开始时比较顺利，但最终会大败。"光复之战"不仅不能解决自身剥败之象，反而会使剥败之象更加严重，反噬的力量更加强大。如果最高领导者是战争的谋划者与统帅，那就更加凶险、骑虎难下，企业会长期陷入战争之中，给企业带来无穷无尽的灾难，甚至灭亡。除非存在某种机制，最高领导者应定期、及时更换。

历史与现实证明，当过去的决策者就是现在的决策者时，新的决策则会着力维持过去的决策及其所产生的利益分配格局。特别是当事实表明，过去的决策是一种错误的决策，决策者为了证明自己的正确性，会不断地做出新的错误的决策，不断地向错误的决策进行各类投入，造成"错误叠加"，扩大错误决策的受益者，形成盘根错节的利益集团。这里存在两种情况，一种情况是，领导者、决策者坚信自己的决策是正确的，他们相信他们任何追踪决策都是在朝着正确的方向前进。另一种情况是，领导者、决策者明知过去的决策是错误的，为了掩盖自己的错误，接着做出错误性的追踪决策。当现在的决策者不是过去的决策者时，或者现在的决策者与过去的决策者没有利益关系，新的决策就会突破过去的决策。所以，改变错误决策最直截了当的方法就是更换决策者。

三、无妄（☳）

（一）卦的原文

卦辞：无妄[1]。元亨，利贞；其匪正[2]有眚，不利有攸往。
初九：无妄，往吉。
六二：不耕获[3]，不菑畬[4]，则利有攸往。
六三：无妄之灾：或系之牛，行人之得，邑人之灾。
九四：可贞[5]，无咎。

九五：无妄之疾[6]，勿药有喜[7]。

上九：无妄[8]行，有眚，无攸利。

（二）关键字、词解释

[1] 无妄（wú wàng）：《易经》六十四卦之第二十五卦，主卦是震卦，卦象是雷；客卦是乾卦，卦象是天。象曰："天下雷行，物与无妄；先王以茂对时，育万物。"

妄，即邪、不正确、不正当、荒诞。无妄是指无妄念、无妄言、无妄行。无妄是企业光复战略的重要组成部分，是企业、企业领导和一般员工的身心修炼。无妄而诚，诚而无妄。无妄首先是一种心理情感能量，它会转化为企业成员的言与行，在光复企业"理想的"的心理情感能量场的过程中起着十分重要的作用。

[2] 其匪正：其，无妄。匪，非，不。其匪正，无妄过了头，无妄过度。无妄过了头、无妄过度，便成了无妄之妄。

[3] 不耕获：耕获，刚耕种便想有收获。不耕获，不能刚耕种便想有收获。

[4] 不菑畬：菑（zī），开垦，开荒。"畬"（shē），良田。不菑畬，不能刚开垦便想到有良田。

[5] 可贞：可，应为厉。可贞，应为：厉贞。厉，艰难，凶险。

[6] 疾：小病，意指小问题，小麻烦。

[7] 勿药有喜：小病不用服药，可以很快自愈。《象》曰："无妄之药，不可试也。"

[8] 无妄：此处之"无妄"是指过了头的无妄，即无妄之妄，即卦辞中的"其匪正"。

（三）现代诠释与重构

卦辞：无妄，意指无妄念、无妄言、无妄行。无妄可以为企业心理情感能量场的运行及在场成员的行动提供原动力，使企业亨通顺利，有利于企业坚守正道，有利于企业的长期生存与发展。如果存在无妄之妄，放任、懒惰、马虎、得过且过，则会招来灾祸，不利于企业达到想要达到的目标。

初九：无妄念、无妄言、无妄行，长此以往，吉祥。

六二：耕种时不要指望马上就有好的收获，要想着后面还有许多艰难的工作要做，存在许多不可控制的因素，做好长期努力工作和承受损失的心理准备；别指望新垦的土地马上变成良田，要想着还得不断地施肥、浇水、平整、除草、去石，经过三五年的不断努力，新地才会变成良田。企业及其成员，对所有的事情都是如此这般，则有利于达到想要达到的目标。

六三：有时企业会遭受莫名的无妄之灾。例如，一个行人将牛系在村头的树上，离开了一小会，另一个路过的行人顺手把牛牵走了。牛的主人回来发现牛不见了，便找村里人的麻烦，认为是村里人把牛偷走了。这便是无妄之灾。无妄之灾包括人为的和自然的。企业该反思的要反思，该坦然处之的便坦然处之；不能因为自己遭受莫名的无妄之灾而变得有妄，亦不能使自己变得无妄之妄：放任、懒惰、马虎、得过且过。

九四：有时坚守无妄念、无妄行、无妄言很艰难。如在前面的案例中，村里的人可能会产生妄行与妄言。尽管艰难，但只要一直坚守下去，以道义为基础，就不会有什么咎害。

九五：有时企业会遭受莫名的无关紧要的小麻烦与小问题，只要坚守正道，无须采取应对措施，这些麻烦与问题就会自然消失。

上九：企业如果存在（变得）无妄之妄，放任、懒惰、马虎、得过且过，那么，无论做什么事都会招来灾祸，无论做什么事都达不到目标。

本节案例

联想的剥与复

杨元庆，联想电脑公司总经理，以前大家见面时称他为"杨总"，如今你如果去联想就不会听到有人再叫"杨总"了，员工对他都是直呼其名。

联想电脑公司有三级总经理，称得上"总"的人数有200多，以前大家见面时，你会听到一片叫"总"的声音，这一现象引起了总经理室（联想电脑公司最高决策机构）的注意。大家习惯叫"总"，这跟中国对领导长辈尊重的传统有关，员工也有反映不叫就会给人一种不尊重的感觉。如果从存在的现实看，叫"总"正面看来是表示一种尊重。但西方国家并没有这种习惯，这只是中国对领导的尊称，而中国公司在同事同级之间往往又不这么叫。这里面其实体现着不平等，只有下级对上级的尊重，而没有上级对下级的尊重。

联想作为一个科技与创新型企业，提倡的是对所有的人都尊重，尊重是没有差异的，员工要尊重领导，领导也要尊重员工。如果这个也叫"总"，那个也叫"总"，给人一种充满权力等级的味道，会造成一种僵化的企业氛围，影响员工发挥创造力,影响企业的创新与发展。

联想电脑的称谓问题也是走过了一个过程。一开始大家互称"老师",这跟联想是个学术味很浓的企业有关;第二阶段由于企业要大发展,必须强调组织性和纪律性,强化对权力的认可,这一阶段叫"总"又成为必然;取消叫"总"又是一种回归,是种上升式的回归,这也是社会竞争和企业发展的结果。

(案例来源:刘树、马英《组织行为学》,第95-96页,北京大学出版社2013年版)

第四节　人力资源战略与财富分配战略

一、大畜（䷙）

（一）卦的原文

卦辞：大畜[1]，利贞，不家食[2]吉，利涉大川。
初九：有厉，利已[3]。
九二：舆说輹[4]。
九三：良马逐[5]，利艰贞。日闲舆卫[6]，利有攸往。
六四：童牛之牿[7]，元吉。
六五：豮豕之牙[8]，吉。
上九：何天之衢[9]，亨。

（二）关键字、词解释

[1] 大畜［dà xù］（畜通假蓄）：卦名，《易经》六十四卦之第二十六卦，主卦是乾卦，卦象是天；客卦是艮卦，卦象是山。《彖》曰："大畜，刚健笃实辉光，日新其德，刚上而尚贤。能止健，大正也。"《象》曰："天在山中，大畜。君子以多识前言往行，以畜其德。"

"大畜"，"见龙出田"之象。企业由"见龙在田"到"见龙出田"经历了千辛万苦、跌宕起伏。发展到"大畜"，企业的组织结构、制度、文化都比较完备，且运行有效；企业积累了大量的物质财富、成功的经验、失败的教训，为企业发展到新阶段做好了准备。"大畜"论述的就是"见龙出田"的问题。从"大畜"卦的内容来看，"见龙出田"困难重重，其中，最核心、最关键的就是人力资源的问题，因此，"大畜"卦所论述的实质上就是人力资源战略的问题。对所有组织来说，拥有大批的各类人才方可谓之"大畜"（蓄）。

[2] 不家食：不自家独食，即招募更多的人才，进行人才储备，推行人力资源战略。《象》曰："'不家食，吉'，养贤也。"

[3] 已：停下来，慢下来，静下来。《象》曰："有厉利已，不犯灾也。"

[4] 舆说輹：说，即脱。舆说輹，车子与车轴分离。泛指出了大问题。

[5] 良马逐：良马，喻为管理类人才。良马逐，指各类管理人才多。

[6] 日闲舆卫：每日练习驾车与防卫技能。日，《周易正义》及帛《易》作"曰"。闲，娴，练习。

[7] 童牛之牿：牛，喻为负责企业日常运行的人才，他们从事大量的烦琐事务。细节决定成败，因此，他们的工作十分重要。童牛，新招聘的负责日常运行的人才。牿（gù），牛角上的横木。古人驯牛时在牛角上系上横木，使其无法顶人。牿（gù），帛《易》作"鞫"（jū）；九家易作"告"，鞫、告、牿、梏皆以同音通假。

[8] 豮（fén）豕（shǐ）之牙：豮豕，被阉割了的公猪。被阉割了的公猪比较温顺。牙，公猪用来刨土挖洞。豮豕之牙，喻指遵纪守法的开拓性人才。

[9] 何天之衢（qú）：何，荷。何，亦可解为通。衢，四通八达的平坦大道。

（三）现代诠释与重构

卦辞：企业发展到大畜卦阶段，企业的组织结构、制度、文化都比较完备，且运行有效；企业积累了大量的物质财富、成功的经验、失败的教训。在此基础上，企业积极推进人力资源战略，实施人才战略储备计划，很吉祥，有利于企业长久坚持下去，有利于企业发展到新阶段，有利于企业干一番大事业。

初九："见龙出田"，企业向新阶段发展，困难重重，暗藏危险。此时，有利于企业停下来静观其变，对企业内外形势进行科学的分析与判断，了解自己的优势与不足，分析机遇与挑战。

九二："见龙出田"，企业向新阶段发展，出了大问题（舆说輹），人力资源跟不上（严重短缺），无法继续前行，十分凶险。企业必须放慢发展的速度，或实施暂停战略，集中精力与时间解决面临的大问题，实施人力资源战略，进行人才战略储备。

九三：企业培养、招聘一大批各类管理人才（良马），有利于在困境中坚持下去。对管理人才进行各种培训，提升他们的管理能力和应对危机的能力；帮助他们进行职业生涯规划，提高他们对企业的归属感，提升他们的士气。所有这些都有利于企业达成理想中的目标。

六四：企业培养、招聘一批负重人才（牛）以保证企业日常事务的正常运行。对新进来的负重人才（童牛），必须进行严格的约束与培训，使之在发挥作用的同时，不至于给企业带来不必要的损失与麻烦（有心的或无心的），这样做能给企业提供原动力，很吉祥。

六五：企业培养、招聘一批开拓、开创性人才（带牙的豮豕），他们受到严格的培训与约束，遵守企业的规章制度，遵守法律与伦理道德，对企业有归属感与使命感，士气高昂，吉祥。

上九：人力资源战略完成，人才储备丰富，加上企业雄厚的财力、丰富的经验与教训、完善的组织结构、完备的规章制度、有效的企业文化，企业发展到新阶段已经有了坚实的基础，"见龙出田"的道路平坦、宽敞、四通八达（何天之衢），企业亨通顺利。

二、颐（䷚）

（一）卦的原文

卦辞：颐[1]，贞吉，观颐[2]，自求口实[3]。

初九：舍尔灵龟，观我朵颐，凶。

六二：颠颐[4]，拂经于丘颐[5]，征[6]凶。

六三：拂颐[7]，贞，凶，十年勿用[8]，无攸利。

六四：颠颐，吉；虎视眈眈，其欲逐逐，无咎。

六五：拂经[9]，居贞[10]吉，不可涉大川。

上九：由颐，厉吉，利涉大川。

（二）关键字、词解释

[1] 颐（yí）：卦名，《易经》六十四卦之第二十七卦，主卦是震卦，卦象是雷，卦意是动；客卦是艮卦，卦象是山，卦意是静。《彖》曰："颐，……天地养万物，圣人养贤以及万民。颐之时大矣哉。"《象》曰："山下有雷，颐。君子以慎言语，节饮食。"

"大畜"而"颐"。颐（肉块），分颐（分肉块）以养，泛指分东西、分财富以颐养。企业发展到大畜，已经积累了巨额的财富，如一切正常，每年还会增加巨额财富。除交税（颐养国家）与留足企业发展所需（颐养企业自身）之外，企业所有的成员都盼望对财富进行合理（自己认为的合理）的分割与分配，以颐养自己与家人。

从颐卦的内容来看，它主要论述了财富分配的原则、方法及应注意的问题。财富的分割与分配是企业重大的战略问题，它直接影响企业成员的积极性、向心力，在构建"理想的"心理情感能量场的过程中起了至关重要的作用。财富分配得好，可以为企业提供巨大的原动力，推动企业不断地向前发展；财富分配得不好，企业心理情感能量场就会四分五裂，企业将快速走向灭亡。《易经》中的屯卦与大有卦提到过财富分配问题，但颐卦对财富分配问题的论述最为详细与系统。

[2] 观颐：观，观察，考察，审核，审计，统计。观颐，观察、考察、审核、审计、统计财富的数量、类型与质量。

[3] 自求口实：凭自己的劳动所得，即根据业绩、能力、贡献分配财富。

[4] 颠颐：打破科学、合理的分配原则与方案，或者制定不科学、不合理的分配原则与方案。

[5] 拂经于丘颐：拂，违背。经，原则。丘，丘民，平民。丘颐，平民应得的财富。拂经于丘颐，意指违背科学、合理的分配原则，或制定不科学、不合理的分配方案，以掠夺平民应得的财富。

[6] 征：征战，可泛指大事、危机、危难。

[7] 拂颐：拂，弗，不。拂颐，不对财富进行分割与分配。

[8] 十年勿用：十年，形容长时间。勿用，得不到发展。《象》曰："十年勿用，道大悖也。"

[9] 拂经：拂，不。经，原则。拂经，不遵守原则。

[10] 居贞：长此以往。

（三）现代诠释与重构

卦辞：颐，即分配财富以颐养。企业主要的功能就是创造财富与分配财富，这也是企业主导性本性组合形态与心理情感能量。企业对创造的财富进行合理的分割与分配，符合正道，长此以往，吉祥。考察、审核财富（颐）的数量、类型与质量，坚持多劳多得的原则，根据企业成员的业绩、能力与贡献，制订财富分配的方案，根据制订的方案对企业财富进行分割与分配。

初九：企业分配财富根据贡献与业绩进行，每个成员得到的财富基本上与自己的业绩、贡献相匹配，是凭自己的才能、技术辛勤劳动所得，犹如"灵龟"一样，十分珍贵。如果舍弃自己所得，羡慕他人所得，凶险。如果因此抢夺他人所得，则十分凶险。企业的领导者应事前就分配的原则和方案与企业成员进行充分沟通。亦可让企业一般成员参与分配原则与分配方案的讨论与制定。在分配财富的过程中，人们会高估自己的能力与贡献，因此，制定科学、合理的绩效评价体系至关重要。科学、合理的绩效评价体系可以让企业成员准确了解自己的能力与贡献，避免激发嫉妒、怨恨、失望等心理情感能量。

六二：打破科学、合理的分配原则与方案，或者制订不科学、不合理的分配原则与方案，剥夺或减少企业普通成员的份额，企业一旦有事，则十分凶险。民食不可夺。民以食为天，夺民之食即违天道。天即民，民即天；江山即人民，人民即江山。

六三：不对企业创造的财富进行科学、合理的分割与分配，少数人独享大部分财富，违背正道，长此以往，十分凶险。企业成员的积极性、创造性、向心力会大幅下降，失望、怀疑、仇恨会充满企业心理情感能量场，企业将长时间得不到发展，什么事也做不成，没有任何好处。《大学》言："财散则民聚，财聚则民散。"

六四：作为企业的高层领导者，负责企业财富的分割与分配，低估自己的贡献与业绩，少分一些，吉祥。作为财富的分割与分配者，严密监督（虎视眈眈）财富分割、分配的过程，保证企业中每个人的合理欲望都得到满足，这样做，没有错。

六五：作为企业最高的管理者，低估自己的贡献与业绩，少分一些，长此以往，吉祥。但企业最高的管理者有可能会因此丧失积极性、创造性与开拓性，不利于企业成就大事业。

上九：作为企业的董事长（董事会），详细、客观、公正评估每一个人的业绩、能力与贡献，按照多劳多得的分配原则，制订科学、合理的财富分割与分配方案，并严格执行之。这个过程很艰难，但对企业来说很吉祥，有利于企业成就大事业。

本节案例

美国软件公司的人才经

如今，企业最稀缺的既不是顾客、技术，也不是资本，而是人才。人才短缺是企业成长的最大障碍，解决人才短缺是企业战略的重中之重。

网景公司为了获取人才不遗余力。网景公司的产品销售量和收入超过以往任何软件新秀，这意味着网景公司必须马不停蹄地增加人员。1994年2月网景公司成立时仅有2名员工，一年后增加到350人。现在，该公司的员工总数超过2000人。负责职员招聘和安排的梅德讲得很明白:"在这里,招聘员工是战略举措,人人都要参与进来。"

并非只有网景公司有如此做法。思科系统公司是一家成长迅速的网络设备生产商,总部位于美国加州圣何塞市。该公司每隔3个月就要招聘人员多达1200名,即使如此,仍有数百个职位出现空缺。

你可以称这为强力招聘。企业要想保持发展,就得不断招聘人员。真正的挑战不在于聘到人,而在于聘到合适的人并把他们变成一流员工,而且要迅速。

一、渐造声势

发现英才最好的办法是鼓励他们来找你。以网景公司为例,该公司曾发疯似地招人,使很多人疯狂迷上了网景公司。该公司每月能收到6000多份简历,面试700人。

思科公司也是一个很好的例子。该公司是一个富有竞争力的巨人企业,年收入达40多亿美元,市场价值逾400亿美元。但是,思科公司无法像网景公司那样抓住大众的心,因此它运用游击战术来提高自己的形象。

该公司的网址(http://www.cisco.com/jobs)已成为强有力的招聘工具。想到思科公司找工作?你可以通过关键词,检索与你的才能相匹配的空缺职位,也可以发送简历或利用思科公司的简历创建器在网上制作一份简历。最重要的是,该网址会让你和其公司内部的一位志愿者结成"朋友"。你的这位朋友会告诉你有关思科公司的情况,把你介绍给适当的人,带你完成应聘程序。

但是,思科公司网址真正的威力,不在于它让积极求职者行事更快捷,而在于它把公司推介给那些满足于现职、从未想过在思科工作的人。"我们积极瞄准那些求职不怎么积极的人",负责公司招聘的迈克尔说道。

因此,该公司在其他各类人才经常光顾的地方宣传其网址。比如说,思科公司已和迪伯特网页连线,这是摆脱工作桎梏的程序设计人员最钟爱的网页。

二、不降低招聘标准

快速招聘并不是说你得降低标准。秘诀在于,先决定聘用哪类人员,迅速筛除不合条件者,然后制定一套技术手段,对剩下的求职者进行测评,看他们是否具备你所需要的特质。

雅虎公司是美国加州主攻国际互联网搜索产品的企业,它就运用了上述方法。1995年,2位斯坦福大学的研究生创建了雅虎公司;一年后,该公司公开上市。雅虎公司在开展IPO(首次公开募股)业务时,仅有65名员工。现在的员工总数已是当时的3倍,并且平均随时约有50个职位空缺。无怪乎雅虎的高级经理人要花30%的时间寻找、招聘及留住"合适的"人才。但哪些人才算合适呢?

雅虎公司的业务运作高级副总裁马利特说,公司已经找出杰出雅虎员工的核心特性。他解释道,只有在以下四个方面表现突出,应聘者才能加入雅虎。

人际技能。"我们的观念是所聘用的任何人短期内都要负责管理其他人",马利特说道,"因此,我们看重良好的人际技能。"

影响力范围。"我们所聘用的人应结识一批英才,利用内部员工的'黑名单'是我们最好的招聘方式。"

既能收紧,又能放开。"我们需要的人应能干实事,能调动各种手段完成项目,这叫'收紧';但同时他们又能放得开,看到全局——该项目对公司的竞争力有何影响?"

热爱生活。"我们希望人们热爱自己的专长。事实上,多数具有某一具体爱好的人,如爱好体育、艺术和文化者,也热爱生活。这不仅指替公司干大事,还包括在生活中成就大事。"

三、快速入门

快速成长型企业往往难以形成足够大的求职者资料库,来满足它们对人才的渴求,迅速选定合适的人选更是难上加难。不仅如此,它们还面临这样一种挑战:把毫无希望的新手变成高效的老手。

思科公司的人力资源开发总监帕内尔把新员工的第一天称为"世上最重要的8小时"。他的个人使命是帮助思科公司实现这样一个目标:"在业内以最短的时间提高新员工的生产率。"

做到这一点需要辛劳和技术。去年,思科公司的员工调查表明,有些新员工感到自己不像公司最宝贵的资产,却像被遗失的行李。他们的电话是坏的,有电脑却缺少软件,有了软件却不会用。更令人奇怪的是,在一个与国际互联网齐名的企业中,他们竟要两周之后才能得到电子邮件地址。

帕内尔向行政总裁钱伯斯做了汇报,并获准建立快速入门流程,即一系列员工入门培训活动。如今新员工报到前,电脑软件便跟踪招聘流程,并提醒负责设备的团队做好准备。这样,每个新员工一来就能到配备齐全的岗位上工作,并且接受一整天的培训,学习使用桌面工具(如电脑、电话和语音信箱等)。

快速入门流程不仅省去许多烦恼,而且让新员工看到公司内部的生活状况。公司给每个新员工指派一名"师兄"(公司同事),回答公司运作方面的问题。新员工还要参加为时两天的"思科企业精要"培训,内容包括公司历史、网络市场和思科的各业务单位。新员工报到两周后，所在部门的经理会收到一份自动发来的电子邮件，提醒他们测评自己部门的举措与个人目标。

有的企业把企业入门指导变成自我管理的项目。美国密苏里州的 MEMC 电子器材公司是世界第二大硅晶片生产商。最近几年，该公司一直在尽快招聘人员。对它来说，找到英才固然不易，而让英才们在这样一个对技术要求最严格的行业中有效工作更难。

运作经理本顿还记得以前新聘车间经理人如何学习需要了解的一切，"我们用两个星期把他们所需的一切灌输到他们的头脑中"。但随着企业的不断成长，工作仅一个月的经理人却在管理着工作时间不足一年的操作员。本顿认为，"我们简直是盲人领盲人走路"。

于是，他开始布置"论文"。现在，新经理人到达 MEMC 公司后，首先要用四周时间做研究并写出一份报告，详细说明公司如何处理制造流程某一步骤的所有业绩指标。写完报告后，他们还要跟公司资深员工学习数周。只有学习结束后，新聘人员才能担负起管理职责。

新来的工程师也要花两天时间埋头熟悉公司的历史和业务，然后领到一本工作手册，里面全是有关生产、采购及员工待遇等公司各方面的问题。他们要在一个月内熟悉了解这些问题。

当然，完成工作手册的唯一方法是与公司各级人员交谈，新员工拼命构建关系网络，以便学到尽可能多的东西。

［案例来源：张文昌、曲英艳、庄玉梅主编《现代管理学》（案例卷），山东人民出版社2004年版，第218－221页。作者对案例内容进行了删减。］

第三章　壮大阶段

乾曰：君子终日乾乾，夕惕若厉，无咎。
坤曰：含章，可贞。或从王事，无成有终。

第一节 快速发展的困境及其应对战略

一、大过（☱☴）

（一）卦的原文

卦辞：大过[1]，栋桡[2]，利有攸往，亨。
初六：藉用白茅[3]，无咎。
九二：枯杨生稊[4]，老夫得其女妻，无不利。
九三：栋桡，凶。
九四：栋隆[5]，吉，有它[6]吝。
九五：枯杨生华，老妇得其士夫，无咎无誉。
上六：过涉灭顶[7]，凶，无咎。

（二）关键字、词解释

[1] 大过（dà guò）：卦名，《易经》六十四卦之第二十八卦，主卦是巽卦，卦象是风、木，特征是顺；客卦是兑卦，卦象是泽，特征是悦。上泽下木，水漫过树木，洪水之象，水多酿成洪水，泛滥成灾。"过"是过分、过度的意思。"大过"，即太过分、太过度。《象》曰："大过，大者过也。"

企业在"大畜"卦阶段，实施了人力资源战略，培养、招聘了企业所需的各类人才，有了人才，企业方可谓"大畜"；在"颐"卦阶段，企业确定了财富分割与分配的原则，根据原则制订了财富分割与分配方案，实施了财富分配战略。这两个战略为企业快速发展与扩张打下坚实的基础。大过卦讲的就是企业快速发展与扩张及其所带来的问题。大过，实为太过，即企业发展、扩张得太快，最终形成了强大的反噬力，将企业推入了凶险之境（坎）。

[2] 栋桡：栋，屋正中最高的横梁，喻为企业最重要的、最核心的（组织）结构。桡（náo），弯曲、变形。

[3] 藉用白茅：藉，席，意为铺垫。白茅，一种柔软洁白而珍贵的草。藉用白茅，本意是指祭祀时在地上先铺垫一层柔软洁白而珍贵的的草，再在草

上放祭器或祭品，防止祭器损坏或弄脏祭品，以示诚心敬意。此处借指企业增设一批机构与平台，以安置新招来的人才，使其有用武之地，让新来的人才身安心安。《象》曰："藉用白茅，柔在下也。"

[4] 稊：发芽长出的新枝。

[5] 栋隆：对栋进行修复、校正，以恢复其承重能力。

[6] 它：其他的问题或隐患。

[7] 过涉灭顶：本指徒步涉水过河，河水没过头顶。

（三）现代诠释与重构

卦辞：由于企业发展、扩张得太快，企业最主要的组织结构不堪重负，发生了变形、扭曲，如果及时加以修补、校正，其他相关的隐患也得到解除，有利于企业达到想要达到的目标，企业会因此亨通顺利。

初六：企业增设一批具有弹性的部门与平台，这些部门与平台可实可虚、可并可撤。将企业（在"大畜"阶段）培养与招聘的各类人才安排到这些部门与平台中去，以便发挥他们的积极性、创造性与开拓性，为企业开疆拓土。这样做没有错。

九二：企业中一些半生不死的部门在得到人才充实之后，恢复了活力，开拓了新的领域、发明了新的技术、生产了新的产品，从而设立了一个或数个部门的分支机构。这些部门显得比过去庞大多了，呈现繁荣的景象。这就好比枯杨发出不少新枝；亦如年老的男子娶了一个年轻的妻子，生了不少的孩子。企业因此获得了原动力，无往而不利。

九三：由于许多新设的部门与平台得到了实质性的快速发展，一些老部门也变得更加庞大与繁荣，企业最主要的组织结构不堪重负，发生了变形与扭曲，信息流通混乱，企业心理情感能量场发生严重的分裂与失衡，出现了严重的各自为政的现象，十分凶险。

九四：企业变形、扭曲的组织结构得到及时的调整与校正，吉祥。但是，企业发展、扩张得太快，其他的隐患还存在着。这些隐患很有可能成为企业遭受凶险的根源，给企业带来灾难。

九五：企业中一些半生不死的部门在得到人才充实之后，恢复了活力，产品与服务的质量得到提升，产品与服务的种类变多，客源有所增多。这就好比枯杨又开了花，显得十分美丽；也好比一个年老且不能生育的妇人得到了个年轻的丈夫，显得很有生机。这种现象没有什么不好，但也不值得赞誉。这种现象是企业快速发展与扩张的自然产物。

上六：企业中的一些有识之士，察觉到了企业快速发展与扩张所带来的巨大凶险，不断地发出警告，提示凶险，提出建议以帮助企业化解凶险，渡过潜在的巨大难关。但是，他们的警告、提示、建议根本没有人听，他们声音被强大的指责之声、批评之声所淹没，他们甚至会被降级、开除，遭受灭顶之灾，十分凶险。然而，他们这样做没有错，因为这是企业中每一个成员的责任、义务与权利。此时，企业处于集体兴奋、集体自豪、集体自大、集体狂热的状态，理性已经被边缘化。在这种情况下，企业心理情感能量场十分容易出现集体催眠与集体弱智。

为了防止集体兴奋、集体自大、集体狂热、集体催眠与集体弱智，企业必须设立谏官，规定谏官的责任、义务与权利。

二、坎（☵）

（一）卦的原文

卦辞：坎[1]。习坎[2]，有孚维心，亨，行有尚。
初六：习坎，入于坎窞[3]，凶。
九二：坎有险，求小得。
六三：来之坎坎，险且枕[4]。入于坎窞，勿用。
六四：樽酒[5]，簋贰[6]，用缶[7]，纳约自牖[8]，终无咎。
九五：坎不盈，祗既平[9]，无咎。
上六：系用徽纆[10]，寘于丛棘[11]，三岁不得，凶。

（二）关键字、词解释

[1] 坎（kǎn）：卦名，《易经》六十四卦之第二十九卦，主卦和客卦都是坎卦，卦象是水，卦意为险。两坎相叠，代表危险重重。

大过而坎。由于企业发展与扩张速度太快，企业的经验、资金、人才、管理都跟不上，企业组织结构与企业文化都出现了扭曲与变形，十分凶险。只要有一点风吹草动，企业就会陷入坎险之中。例如，宏观经济政治环境发生变化、新的技术出现、新的竞争者出现、某个重大项目出现问题、资金链出现断裂等。有时，哪怕是一件微不足道的事件，经过媒体与社会公众的放大，都有可能将企业推入坎险之中。因为，企业走得太不稳了，或者说，因为快速的发展与扩张，使企业根本无法走稳。坎险，有时是竞争对手（或其他的敌人）

精心设计的，专门为企业量身定制；也可能是自己、家人、朋友、亲戚、同事无意中所挖之坎。

坎卦讲的就是企业陷入坎险之后，如何脱险，同时也指出坎险给企业带来的后遗症。后遗症也许是企业最大的坎险。

[2] 习坎：习，重，重复，重重。习坎，重重坎险。汉帛《易》作"习赣"，古坎、赣二字相通。

[3] 坎窞：窞（dàn），小穴，小洞。坎窞，坎中之洞，比喻坎中之坎，险中之险。

[4] 险且枕：以险为枕，意指安然处之。

[5] 樽酒：樽（zūn），古代酒器。樽酒，一樽酒，形容酒很少。

[6] 簋贰：簋（guǐ），古代盛食物的竹器。簋贰，两簋食物，形容食物不多。

[7] 用缶：缶，没有文饰的、朴素的瓦器。喻指器物简陋。

[8] 纳约自牖：牖（yǒu），窗户，小洞。从窗户或墙上的小洞将酒、食物递进来。意指不受尊重，或悄悄地、非正式地提供帮助。

[9] 祗（tí）既平：祗，安。祗既平，心态安定、平和。

[10] 系用徽纆：徽，三股为徽，两股为纆，皆索名。系用徽纆，被绳索牢牢捆着。

[11] 寘于丛棘：寘（zhì），置。寘于丛棘，困于丛棘。

（三）现代诠释与重构

卦辞：坎，险。由于快速发展与扩张，企业陷入重重坎险之中。但只要心怀诚信、坚守正道，就会亨通顺利，因为这种行为正是人们、社会所崇尚的。

初六：由于快速发展与扩张，企业陷入重重坎险，且陷入坎险的最底部（险中险），十分凶险。此时更要心怀诚信、坚守正道。

九二：企业处于坎险之中，要有充分的心理准备，只能一点一点脱险，不能奢望奇迹出现，一夜脱险。如果企业指望奇迹，就会放弃自己的努力，就会一直处于坎险之中。奇迹总是与艰苦的努力、诚信、正道结缘。

六三：往前是坎，后退也是坎，危险重重。既然如此，企业就要从容面对，休养生息，保存实力，以待时机。如果陷入坎窞之中，则需要先观察、分析险情，了解坎窞的结构、性质与运行规律，寻找脱险的突破口，切不可轻举妄动。

六四：企业处于重重坎险之中，不能拒绝任何微小的帮助，要以十分谦卑的心态与行为面对一切，心存感恩，忍辱负重，放弃幻想，懂弃明舍，一切以企业脱险为重。如此，始终不会有错。就如处于饥饿状态的人，绝对不能嫌弃食物的少与劣，绝对不能嫌弃盛食物器具的粗陋，绝对不能嫌弃提供食物方式与态度，一切以保命为重。

九五：经过不断的艰难努力，企业即将要从重重坎险中摆脱出来。越接近脱险，越要保持安定、平和的心态，让理性处于主导地位。不能骄傲，更不能自大；不能忘恩，亦不要记仇；小心翼翼，如履薄冰。如此这般，没有错。

上六：企业在经历过重重坎险之后，可能会留下严重的后遗症：自我封闭、自我囚禁、无所作为、胆小怕事。如果长时间不能从这种后遗症中摆脱出来，对企业来说，十分凶险。这才是企业面临的真正大坎：心魔之坎。

三、离（☲）

（一）卦的原文

卦辞：离[1]，利贞，亨。畜牝牛[2]，吉。
初九：履错然[3]，敬[4]之无咎。
六二：黄离[5]，元吉。
九三：日昃[6]之离，不鼓缶[7]而歌，则大耋[8]之嗟，凶。
九四：突如其来如，焚如，死如，弃如。
六五：出涕沱若，戚嗟若，吉。
上九：王用出征[9]，用嘉[10]，折首，获匪其丑[11]，无咎。

（二）关键字、词解释

[1] 离（lí）：卦名，《易经》六十四卦之第三十卦，主卦和客卦都是离卦，卦象是火。离，帛《易》作"罗"。古"离""罗"二字通，引申为捕捉、分离。离又通"丽"，有附着、经历、光明等意。《序卦》曰："陷必有所丽，故受之以离。离者，丽也。"通观整个离卦、爻辞，离，实为摆脱之意。

企业在经历重重坎险之后，犯下了心魔之坎。不摆脱心魔之坎，企业仍在坎中。离卦论述了企业摆脱心魔之坎应坚守的原则，陈述了企业摆脱心魔之坎的艰难历程。

[2] 畜牝牛：牝（pìn），雌性的鸟或兽，与牡相对。畜牝牛：畜养母牛。母牛，此处喻指具有母牛特性的人才，或喻培育自己温厚的品德。

[3] 履错然：步态不稳的样子。

[4] 敬：小心翼翼。《象》曰："履错之敬，以辟咎也。"

[5] 黄离：黄，中色，正色，喻指中道、正道。《象》曰："黄离元吉，得中道也。"黄离，在摆脱心魔之坎的过程中坚守中道、正道。

[6] 日昃（zè）：太阳偏西。

[7] 缶：瓦盆，瓦器，可作为乐器之用。

[8] 耋（dié）：人七十岁叫耋，老年人的通称。

[9] 王用出征：依王令出征。《象》曰："王用出征，以正邦也。"

[10] 用嘉：嘉，好，美，正。用嘉，坚守正道。另解，"用嘉"为"有嘉"，指周代的小国嘉。如此，此卦上九则为："王用出征，有嘉，折首，获匪其丑，无咎。"

[11] 丑：丑类，死硬分子。

（三）现代诠释与重构

卦辞：企业在经历重重坎险之后陷入了心魔之坎。离，即从心魔之坎摆脱出来。如此，有利于企业长久地坚持下去，终会亨通顺利。培养、招聘、启用温顺、厚重、忠诚、踏实、谨慎的人才，纠正大过卦阶段因用人的偏差而产生的不良后果；同时，培育企业成员温顺、厚重、忠诚、踏实、谨慎的品格，并构建相应的企业文化，如此，吉祥。

初九：企业经过千辛万苦，刚刚从重重坎险中出来，脚下打滑、两腿无力，步态不稳而错乱，但只要小心翼翼、心怀敬畏，就不会有什么大的过错。

六二：在摆脱心魔之坎的过程中，始终坚守中道，诚实处事，会给企业注入原动力，吉祥。

九三：看到夕阳西悬，联想到企业因遭遇重重坎险而呈现的衰败景象，不由自主放声哀歌，如同暮耋老人，不断地发出哀叹之声，哀叹时光将尽、生命将无。失望（绝望）、悲伤、无助等不良的心理情感能量弥漫整个企业心理情感能量场，十分凶险。

九四：突然，人们认识到太阳东升西落是一种规律，太阳今天落下明天又会升起。企业也是如此，不可能一直兴旺发达，兴兴衰衰也是一种规律。企业遭受坎险，受到打击，呈现衰败之象是正常的，只要努力、坚守正道，企业还会兴旺。人们重新燃起希望之火，焚烧心魔、烧死心魔、抛弃心魔。

六五：心魔之坎消除，人们涕泪滂沱，不良的心理情感能量得到彻底释放，喜悦之声、感叹之声交错，吉祥。

上九：心魔之坎消除，重获行动的能力与动力，依令出征，坚守正道，斩杀敌方首领，俘获了大批敌方民众，这样做没有过错。企业亦是如此，心魔之坎消除，重获行动的能力与动力，依正道发动商战，打败对方，接收对方的企业与员工，这样做没有过错。对于被接收的员工（或俘获的敌方民众），需要用感化之道，使其归化，与企业（我方）融为一体。

四、咸（☱☶）

（一）卦的原文

卦辞：咸[1]，亨，利贞。取女[2]吉。
初六：咸其拇[3]。
六二：咸其腓[4]，凶；居吉。
九三：咸其股[5]，执其随[6]，往吝。
九四：贞吉，悔亡。憧憧往来，朋从尔思。
九五：咸其脢[7]，无悔。
上六：咸其辅、颊、舌[8]。

（二）关键字、词解释

[1] 咸（xián）：卦名，《易经》六十四卦之第三十一卦，主卦是艮卦，卦象是山；客卦是兑卦，卦象是泽。咸的意思是感应、感染，进而达到感化。《彖》曰："咸，感也。柔上而刚下，二气感应以相与。止而说，男下女，是以'亨利贞，取女吉'也。天地感而万物化生，圣人感人心而天下和平。观其所感，而天地万物之情可见矣。"《象》曰："山上有泽，咸。君子以虚受人。"

在快速发展与扩张的过程中，企业兼并、收购了不少企业。后续需要展开整合战略，对被兼并、被收购的企业进行组织结构整合、制度整合、文化整合、资源整合、人员整合，使被兼并、被收购的企业与主导兼并、收购的企业形成一个整体，使原来各自独立的多个心理情感能量场变成一个有机统一的心理情感能量场，完成一次质的飞跃。在整合的过程中，最重要、最关键、难度最大的整合就是人员整合。人员整合失败，主导企业得到的将是没有太大价值的空壳，这是企业欠陷入坎险之境最重要的原因之一。在进行人员整合的过程中，企业需要用感化之道，使其归化，使其心甘情愿地与企业融为一体，在新的企业中，快乐工作、快乐生活，如此，企业方可从根本上摆脱坎险。咸卦讲的就是感化之道。

［2］取女：娶女，结姻亲。

［3］拇：脚拇趾，脚的指代。在此喻指组织（企业）的基层成员。

［4］腓（féi）：腓肠肌，胫骨后的肉，俗称"腿肚子"。在此喻指组织（企业）的基层管理人员。

［5］股（gǔ）：大腿。在此喻指组织（企业）的中层管理者。

［6］随（suí）：跟随，追随；跟随者，追随者。

［7］脢（méi）：背，特指人后背脊椎附近的肉，此肉离心脏较近。在此喻指组织（企业）的高层管理者。

［8］辅（fǔ）颊（jiá）舌：辅，指面颊，人的颊骨部位。颊，人的面部两侧从眼到下颌的部分。辅颊舌，头的指代。因头属人体的最高部，在此指组织（企业）的决策层。辅，另解为牙床。

（三）现代诠释与重构

卦辞：运用感应、感染之道，感化被兼并、被收购企业的员工，企业会因此亨通顺利，有利于企业从坎险中摆脱出来，有利于企业长期生存与发展。主导兼并、收购企业（的成员）与被兼并、被收购企业（的成员）结成姻亲，有利于企业的融合、团结，有利于提高被兼并、被收购企业成员的归属感与向心力，使原来各自独立的心理情感能量场形成一个新的有机统一的心理情感能量场，吉祥。

初六：运用感应、感染之道，感化被兼并、被收购企业的基层员工。他们是企业的基础，稳定了基层员工，就可保证企业的生命力。感应、感染的策略与路径依据不同的情况而有所不同。

六二：运用感应、感染之道，感化被兼并、被收购企业的基层管理人员。由于担心失去自己的职位以及信息不全，这一部分人多数反对被兼并、被收购，对他们感化的难度较大，如果路径与方法不当，有凶险。如果静观其变，让他们看到企业的所作所为对他们有利，吉祥。

九三：运用感应、感染之道，感化被兼并、被收购企业的中层管理者。但如果调动他们的工作，让他们离开原来的工作领域，失去原来的追随者，如此下去，可能会给个人与企业都留下遗憾。

九四：运用感应、感染之道，持续不断地感化被兼并、被收购企业的中高层管理者，坚守正道，坦诚无私，他们原有的悔恨就会消失。与他们频繁接触，与他们就企业的价值观、宗旨、目标、战略、远景、制度规范、组织结构等进行深入的沟通交流，关心、满足他们的职业规划，感化就会收到成效，吉祥。一般来说，这些人有眼光、有能力，对企业影响深远。在这个过程中，需要充分运用移情手段（empathy）。所谓的移情就是假设自己就是对方，从对方的思想、感受、情感、能力、背景、性别、年龄来思考语言的组织与表达。运用移情手段可以提高信息发送的质量，克服人际沟通过程中的障碍；同时，可以使对方由理性转移到感性，由左脑支配行为发展到右脑支配行为。

九五：运用感应、感染之道，感化被兼并、被收购企业的高层管理者，与他们就企业的价值观、宗旨、目标、战略、远景、制度规范、组织结构等进行深入的沟通交流，关心他们，如此，就没有什么悔恨。

上六：运用感应、感染之道，感化被兼并、被收购企业的决策者，保护他们应有的利益与权利，虚心、真诚地向他们咨询管理企业成功的经验与失败的教训。

本节案例

某网络公司之坎

某网络公司是一家专门从事通信产品生产和电脑网络服务的中日合资企业。公司自1991年7月成立以来发展迅速，销售额每年增长50%以上。与此同时，公司内部存在着不少冲突，影响着公司绩效的继续提高。

因为是合资企业，尽管日方管理人员带来了许多先进的管理方法。但是日本式的管理模式未必完全适合中国员工。例如，在日本，加班加点不仅司空见惯，而且没有报酬。该公司经常让中国员工长时间加班，引起了大家的不满，一些优秀员工还因此离开了公司。

该公司的组织结构由于是直线职能制，部门之间的协调非常困难。例如，销售部经常抱怨研发部开发的产品偏离顾客的需求，生产部的效率太低，使自己错过了销售时机；生产部则抱怨研发部开发的产品不符合生产标准，销售部门的订单无法达到成本要求。

研发部胡经理虽然技术水平首屈一指，但是心胸狭窄，总怕他人超越自己。因此，常常压制其他工程师。这使得其部门人心涣散，士气低落。

（资料来源：本书作者根据调研资料整理）

第二节　坚守与逃离

一、恒（☷）

（一）卦的原文

卦辞：恒[1]，亨，无咎，利贞，利有攸往。
初六：浚恒[2]，贞凶，无攸利。
九二：悔亡[3]。
九三：不恒其德，或承之羞，贞吝。
九四：田无禽。
六五：恒其德，贞妇人吉，夫子凶。
上六：振[4]恒，凶。

（二）关键字、词解释

[1] 恒（héng）：卦名，《易经》六十四卦之第三十二卦，主卦是巽卦，卦象是风；客卦是震卦，卦象是雷。《说文》曰："恒，常也。"《彖》曰："恒，久也。刚上而柔下，雷风相与，巽而动，刚柔皆应，恒。恒，亨，无咎，利贞，久于其道也。天地之道，恒久而不已也。利有攸往，终则有始也。日月得天而能久照，四时变化而能久成，圣人久于其道而天下化成。观其所恒而天地万物之情可见矣。"《象》曰："雷风，恒。君子以立不易方。"

恒，持久、连续不断地坚持做某事，坚持某一原则，坚守某一德性。从企业战略的角度来看，坚守正道，坚守自己的德性，在某一领域或某些领域持续不断地开拓与经营，是企业成功的关键。从恒卦的内容来看，正确的恒、灵活的恒，才是真正的恒道。

[2] 浚（jùn）恒：浚，疏通，深挖，拓宽。浚恒，不断地疏通、深挖、拓宽河渠。《象》曰："浚恒之凶，始求深也。"

[3] 悔亡：因为坚守正确的恒道，悔恨就会消亡。《象》曰："九二悔亡，能久中也。"中，即中道、正确的恒道。

[4] 振：动，动荡，动摇，摇摆。

（三）现代诠释与重构

卦辞：企业坚守正确的恒道，就会亨通顺利，不会有过错，有利于长期生存与发展，有利于达成想要达成的目标。

初六：企业要做的事情很多，但并不是每一件事都需要、都值得坚持不懈地做。有些事情是一次性的，有的事情是阶段性的，有的事情根据需要和紧急的程度来决定是否要做。不该持之以恒的事情如果持之以恒，则会有凶险。例如，疏浚河渠这件事，必须做到恰到好处，如持续不断地做，河渠会变得越来越宽、越来越深、越来越险，很凶险，没有任何好处。

九二：企业只要坚守正道，拥有正确的恒道，已有的悔恨就会消失。

九三：企业有企业应有的主导性的德性（即主导性的本性组合形态），企业应有的主导性的德性是创造财富与分配财富。如果企业不恒久地坚守这种德性，就会承受羞辱，长此以往，就会追悔莫及。其他所有的组织（或个人）均是如此，必须长期坚守其主导性（功能性）的德性。《象》曰："不恒其德，无所容也。"

九四：企业如果不坚守创造财富、分配财富的德性，或者没有相对固定的专业领域，或者不坚守正道，就不会有任何收获，在激烈的市场竞争中就会被淘汰。《象》曰："久非其位，安得禽也？"

六五：企业主导性的德性是创造财富与分配财富，但是，除此之外，由于企业承担着众多的角色，伴随着这些角色而来的便是相应的德性。面临不同的情景与事件，这些角色就会出来表演，企业也会展现出相关的德性。例如，企业成员受到严重的创伤，企业便会展现出悲怜的德性；国家处于危难，企业便会展现出责任心、义务感、民族性（群体性）的德性。如果企业不分情景与事件，只展现其创造财富与分配财富的德性，则十分凶险。这就好比在传统的农牧业社会，妇女承担的角色比较少，且主要是家庭内部的角色，妇女一直坚守家庭内部角色相关的德性，很吉祥。男人则不同，男人除了承担家庭内部的角色之外，还承担许多社会角色。如果男人不分场合地坚守家庭内部角色相应的德性，则十分凶险；反之，亦然。

上六：企业如果不能恒久地坚守正道，不能（相对）恒久地坚守其创造财富、分配财富的德性，不能集中精力与资源在某个或某些领域进行长时间的开拓与经营，总是摇摆不定、犹疑无主，很凶险。

二、遯（䷠）

（一）卦的原文

卦辞：遯[1]，亨，小利贞。
初六：遯尾[2]，厉，勿用有攸往。
六二：执[3]之用黄牛之革，莫之胜说[4]。
九三：系[5]遯，有疾厉；畜臣妾[6]吉。
九四：好遯，君子吉，小人否。
九五：嘉遯，贞吉。
上九：肥遯[7]，无不利。

（二）关键字、词解释

[1] 遯：卦名，又作遜（dùn），帛《易》作"掾"。古人多解作逃避、隐退。该卦为《易经》六十四卦之第三十三卦，主卦是艮卦，卦象是山；客卦乾卦，卦象是天。《象》曰："天下有山，遯。君子以远小人，不恶而严。"《彖》曰："遯，亨。遯而亨也。刚当位而应，与时行也。'小利贞'，浸而长也。遯之时义大矣哉。"

恒卦论述的是恒道。恒道一个重要的内涵就是企业必须在某一或某些领域长期开拓、精耕细作，唯有如此，才能有所收获，否则，就会落得"田无禽"的下场。但是，任何事物都有生命周期，都会经历产生、发展、壮大、强盛、衰败、死亡的过程。产品、技术、服务、产业都有市场生命周期。有的产品、技术、服务、产业的市场生命周期较短，有些较长，有些则很长。如果企业对恒道理解有误，一成不变地坚守自己的产品、技术、服务、产业，那就意味着企业将随着相关产品、技术、服务、产业的消亡而消亡。为了避免企业随着相关产品、技术、服务、产业的消亡而消亡，企业必须在适当的时机进行战略调整，选择放弃战略与收缩战略，《易经》称之为"遯"，即从相关的产品、技术、服务、产业逃离，进行产品、技术、服务、产业调整，使企业获得新的生命与动力。遯卦论述了不同情景下战略选择，即遯与不遯，需要根据实际情况而定；同时，也论述了放弃战略与收缩战略几种时间切入点。时间切入点不同，效果相差甚远。在进行战略与策略的调整时，不必在乎一城一地一事一时之得失，保存实力，维持生存，最为重要。

[2] 遁尾：逃遁时机已经失去。《象》曰："遁尾之厉，不往何灾也？"
[3] 执：抓住，捆住，绑住。
[4] 胜说：胜，可能。说，脱。
[5] 系：拖累，拘系。
[6] 畜臣妾：畜，豢养。臣妾，本指家奴，可借指利益相关者。
[7] 肥遁：肥，飞。肥遁，即飞遁，从高处飞遁。

（三）现代诠释与重构

卦辞：遁，即放弃、逃离。企业在适当的时间与领域选择放弃战略与收缩战略，会亨通顺利。在进行战略调整期间，不能贪图大利，更不能半途而废，必须长期坚持下去。

初六：企业错过了战略调整的时机，陷入了十分困难的境地，此时，企业只能等待，静观其变，也许还有希望。

六二：企业在某一领域投入了大量的资产，而且这些资产具有极强的专业性，无法转换，无法挪作他用，企业退出、逃离的壁垒很高，代价很大，无法遁脱。此时，企业不宜、也无法选择放弃战略或收缩战略，只能在既有的领域继续经营，开发新品、提供新服务、寻找新机会，苦苦维持，见机行事。

九三：企业被自己的心理情感（对自己的产品、技术、服务、产业极为不舍）所牵绊，或者被利益相关者（特别是政府）所牵绊，明知大势将去，也不愿意或无法选择放弃战略或收缩战略。企业陷入病态，经营十分艰难。此时，企业保存实力，适度维持经营以满足利益相关者的需要，等待新时机，发现新机遇，吉祥。

九四：眼见大势将去，企业及时进行了战略调整，选择了放弃战略或收缩战略。对企业的高层管理者来说，吉祥。但对企业中下层员工来说则是灾难，他们会因此失去自己的工作，寻找新工作也会困难重重，因为他们没有与新工作相关的知识、技能与经验。

九五：尽管企业所在的产业（或产业中相关技术、产品）目前十分兴旺，人们纷纷进入，但企业提前预见了大势将去，提前进行战略布局，提前对员工进行相关的知识与技能培训，随时准备逃遁，坚持下去，吉祥。

上九：在产品、技术、服务、产业的市场生命周期鼎盛期，企业进行战略调整，采取收割策略，选择放弃战略或收缩战略，同时进行新的战略布局，则无往而不利。

本节案例

方太集团的"恒道"

方太集团创建于 1996 年，其核心价值观是"人品、企品、产品，三品合一"。方太坚信：作为一家追求卓越的企业，不仅要为顾客提供世界一流的产品和服务，还要积极承担社会责任，做一个优秀的企业公民。同时，方太也要求员工成为德才兼备的有用之才，与企业共同成长，这三者相辅相成，缺一不可。在"三品"中，"人品"放在首位，而"人品"又包括传统美德（仁义礼智信）、职业道德（廉耻勤勇严）、职业精神和职业能力等四个方面。方太的企业使命是："让家的感觉更好。"方太致力于为顾客提供无与伦比的高品质产品和服务，打造健康环保，有品位、有文化的生活方式，让千万家庭享受更加幸福安心的生活。同时，追求全体方太人物质和精神两方面的幸福，让方太"大家庭"更加美好。

方太董事长茅忠群将集团的价值观概括为"方太儒道"。他主张以中学明道、西学优术、中西合璧、以道御术的 16 字方针，并具体落实到企业的领导、管理和经营活动中去。茅忠群指出："企业是营利机构，不盈利没法生存。如果生存都生存不下去，其他一切都是空谈。要经营，要生存，要盈利。经营之道是什么？学 MBA 的时候，西方的经营理念告诉我们：经营企业就是股东利益最大化。原来我也以为这是一个普世价值。但是我学了传统文化之后，发现经营企业之道应该是仁道经营。《论语》里面有一句话叫'修己以安人'，表面看好像和经营没什么关系，但事实上，这是最核心的经营之道。'修己'，有两个主体，一个是企业家自身，一个是全体员工。每一个人都要修己，修身心、尽本分。然后'安人'，是让人心安定。如果把自己修炼好，同时把顾客、员工安顿好，企业还会不成功？还会没有利润吗？我想这是不可能的。如果不成功，只是我们修炼得还不够。儒家思想给我们经营方面的启示，就是'仁道经营''修己以安人'。"

（案例来源：方太集团官网。转引黎红雷《儒家商道智慧》，人民出版社 2017 年版，第 170–171 页。作者对案例内容有删减。）

第三节　开拓与壮大

一、大壮（䷡）

（一）卦的原文

卦辞：大壮[1]，利贞。
初九：壮于趾[2]，征凶，有孚。
九二：贞吉。
九三：小人用壮，君子用罔，贞厉；羝羊触藩[3]，羸其角[4]。
九四：贞吉，悔亡。藩决不羸，壮于大舆之輹。
六五：丧羊于易，无悔。
上六：羝羊触藩，不能退，不能遂，无攸利。艰则吉。

（二）关键字、词解释

[1] 大壮：卦名，《易经》六十四卦之第三十四卦，主卦是乾卦，卦象是天，特性是强健；客卦是震卦，卦象是雷，特性是动。《彖传》："大壮，大者壮也。刚以动，故壮。大壮利贞，大者正也。正大，而天地之情可见矣。"《象》曰："雷在天上，大壮。君子以非礼弗履。"

《易经》第三十三卦讲的是战略收缩或战略撤退，并进行新的战略布局（没有新的战略布局，可能意味着企业消亡）。新的战略布局意味着开拓新领域。如果企业战略调整成功，企业就会逐步进入大壮期，比以前更加强大，为"龙跃"打下基础。但这个过程十分艰难，需要坚守正道，积极与外界进行能量交换，努力克服重重障碍、撞破重重藩篱。大壮卦就此进行了深入而详细的论述。从大壮卦的卦爻辞来看，"大壮"实为"大撞""大闯"；要"大撞""大闯"，必须"胆壮"。进行战略调整，进入新的领域进行开拓与经营，必须"胆壮"，必须"大撞""大闯"。

[2] 壮于趾：趾，脚趾。壮于趾，刚刚呈现强壮的迹象。
[3] 羝羊触藩：羝（dī），公羊。藩（fān），篱笆，藩篱。

[4] 羸其角：羸（léi），用作累，意思是用绳子捆住。羸其角，角被藩篱缠住了。

（三）现代诠释与重构

卦辞：企业在原来的领域采取放弃战略或收缩战略，并进行新的战略布局，开拓新的领域。战略调整取得了成功，企业比以前更加强大，逐步进入大壮期。在实现大壮的过程中，企业更需要坚守正道，如此将十分有利于企业长期生存与发展。

初九：企业战略调整取得成绩，刚刚呈现强壮的迹象，需要小心翼翼，不能"东征西讨"，任何大的"好功喜战"行动都会招来灾祸。一定要坚守诚信，坚守正道。

九二：企业战略调整进一步取得成绩，企业强壮起来，但仍需继续发展、坚守正道、等待时机。唯有如此，企业方可吉祥。

九三：企业战略调整进一步取得成绩，企业已经变得很强大（壮）。在企业内部，基层与中层人员出现好斗的心理与行为，想清除发展道路的障碍，冲破发展道路上的藩篱；而高层人员则十分谨慎，主张继续等待。两股力量长期对立，互相之间激烈较量，企业心理情感能量场出现严重的分裂。最终，前者取得胜利，企业采取行动，结果行动受阻，就如公羊撞击藩篱，其角被藩篱所绊。

九四：企业坚守正道，心理情感能量场恢复统一，持续不断地冲击藩篱，先前冲破藩篱的决策与行动所带来的吝悔消失，吉祥。经过不断努力，企业发展道路上的障碍被清除，藩篱被冲破，企业进一步强大（壮），强大（壮）得如"大舆之輹"。

六五：企业在开拓新领域的过程中，需要与外界进行能量与资源交换，以取长补短，使企业更加强大（壮）。有所得必有所失，没有什么可后悔的。

上六：企业再次采取行为，以消除发展道路上更大的障碍，突破发展道路上更牢固的藩篱。但是，行动并不顺利，就如公羊撞击藩篱，角被牢固的藩篱缠住了，不能退、不能进，没有取得任何成绩，没有得到任何好处。但是，只要坚守正道，坚持下去，不断进行坚持和努力，企业终会取得成功，成为"跃龙"，吉祥。

二、晋（䷢）

（一）卦的原文

卦辞：晋[1]，康侯用锡马蕃庶[2]，昼日三接[3]。
初六：晋如摧[4]如，贞吉。罔孚[5]，裕[6]，无咎。
六二：晋如愁如，贞吉。受兹介福，于其王母。
六三：众允，悔亡。
九四：晋如鼫鼠[7]，贞厉。
六五：悔亡，失得勿恤[8]；往吉，无不利。
上九：晋其角，维用伐邑，厉吉，无咎，贞吝。

（二）关键字、词解释

[1] 晋（jìn）：卦名，《易经》六十四卦之第三十五卦，主卦是坤卦，卦象是大地；客卦是离卦，卦象是火焰、太阳。《彖》曰："晋，进也，明出地上。顺而丽乎大明，柔进而上行，是以康侯用锡马蕃庶，昼日三接也。"《象》曰："明出地上，晋。君子以自昭明德。"

企业经过不断努力，清除发展道路上的重重障碍，冲破发展道路上的重重藩篱，终于由"在衢之现龙"，变为"跃龙"。"跃龙"可能一跃入天，亦可能一跃入渊。晋卦的卦象，即为龙从地面一跃入天之象。但跃并非飞，两者具有本质上的差别。企业由"跃龙"到"飞龙"还有一个十分艰难的过程。晋卦论述的就是企业跃晋、腾跃的艰难过程，提出了企业跃晋、腾跃的原则与前提以及应注意的问题。

[2] 康侯用锡马蕃庶：康侯，指周武王之弟卫康叔（此卦可能非周文王所作）。用，享用。锡，赐。蕃庶，众多。康侯用锡马蕃庶，可泛指一个人或一个组织的成就得到高度的承认，受到众多的奖励。

[3] 昼日三接：接，接见。三接，形容次数多。昼日三接，可泛指一个人或一个组织受到高度重视。

[4] 摧：摧毁，打垮，挫折，失败。

[5] 罔孚：不被信任。

[6] 裕：处之泰然。

[7] 鼫（shí）鼠：又名"五技鼠"，按黄寿祺和张善文合撰的《周易译

注》引证，这种鼯鼠，"能飞不能过屋，能缘不能穷木，能游不能度谷，能穴不能掩身，能走不能先人"。另解：鼯鼠，即梧鼠，性贪婪卑鄙。鼯鼠用来比喻贪婪卑鄙、身无专技之人或组织。

[8] 恤：忧，担心。《象》曰："失得勿恤，往有庆也。"

（三）现代诠释与重构

卦辞：企业在大壮阶段清除了前进道路上的重重障碍，突破了重重藩篱，已经变得十分强大（壮）。企业始终坚守正道、诚信经营，兼顾利益相关者的权益，为社会做出了一系列的重要贡献，得到社会的高度认可与重视，得到了众多的奖励，各种荣誉接连而来。企业开始进入了跃晋、腾跃阶段。

初六：企业不断地尝试腾跃（跃晋），不断地遭受挫折，坚持下去，就会吉祥。在这个过程中，企业不被信任，但处之泰然、坚守正道，如此没有过错。

六二：企业腾跃（跃晋）成功，上了一个新的台阶，伴随而来的不仅仅有喜悦，同时更多的是忧心与警觉，始终保持这份心态，吉祥。企业腾跃（跃晋）成功，除了自己的努力外，还有赖于"贵人"（王母）巨大的帮助，要对帮助过自己的个人与组织心存感恩与敬意。"贵人"（王母）会帮助那些值得帮助的个人与企业。

六三：企业用实际行动感化了人们，企业的跃晋（腾跃）得到人们的普遍认可与赞许，人们的不满、怀疑、悔恨消失。

九四：企业进一步跃晋（腾跃），向多元化方向发展。但是，多元化过度，没有核心竞争力，在市场缺乏竞争优势。犹如鼯鼠一样，艺多而不精，贪多而生存能力差。如果不进行战略调整以培育、发展自己的核力竞争力，长此以往，形势将极为艰难与凶险。

六五：企业进行战略调整，培育、发展自己的核力竞争力，提升了自己的竞争优势，悔恨消失。在进行战略调整的过程中，要从企业长远生存与发展的角度来考虑问题、处理问题，不计较眼前的得失，该放弃的要放弃、该培育的要培育，该加强的要加强，该削弱的要削弱。坚持不懈，企业就会获得吉祥，而且无往而不利。

上九：企业战略调整大获成功，成为行业（产业）中的头部企业。企业开始兼并、收购其他一些相关的小的经营不善的企业，过程十分艰难，但吉祥，没有什么不对。然而，企业不断兼并与收购，则一定会有吝悔。一是企业会变得过分庞大，患上"大企业病"，管理机制失效，经济效益与社会效益会不断下降；二是兼并、收购了不该兼并、收购的企业，这些企业成了沉重的负担与累赘;三是引起了政府相关部门的警觉,认为企业的行为破坏了市场机制的正常运行,出面进行干预,甚至打压。三者重叠,会给企业带来致命打击,迫使企业"一跃入渊"。

本节案例

施凯装饰设计有限公司的壮大之路

佛山市施凯装饰设计有限公司于2006年6月成立。公司起初规模比较小,正式员工只有10多人,主要从事装饰与设计。但是,在公司创立者与领导者戴小东的领导下,公司发展十分迅速。到2008年,公司已经拥有业务部、设计部、工程部、材料部四个部门,正式员工已经达到了40多人,直接为公司服务的各类人员已经达到600~700人。从一开始,公司的定位就是:高质量、高品位的设计与装饰。所以,施凯努力建设一支水平较高的设计队伍,并以高价位吸引技术精良的具体施工人员。为了保证工程质量,材料部严把材料关,严格按照合同进料;工程部制定详细的施工规程,对施工质量进行严格的监督。

装饰设计行业是一个年轻而竞争十分激烈的行业,施凯是一个年轻的公司,公司的人员都很年轻。为了团结员工,提高士气,公司提出"互助互爱,互补共进;同心同向,以司为家;勤奋好学,开拓进取;全力以赴,追求完美"的行为准则。

施凯公司最初在一个地理位置并不理想的地点办公,各个部门的人挤在一套100平方米左右的房子里。办公室设施简陋,但却十分整洁。施凯公司之所以能发展壮大,完全是凭其优良的装饰工程给顾客留下了极好的最后印象。一般来说,一个组织(企业)给人们留下的最后印象是什么,它就是什么。顾客会把自己满意的装饰公司介绍给自己的朋友与亲人。

但是,施凯公司的办公条件很难接到大的顾客与大的订单。许多大客户在见到施凯公司办公条件后,对施凯的能力与水平持怀疑态度,因而,在最后放弃了与施凯签约。为了改变这种状况,公司领导将公司的办公地点迁到佛山创意产业园。新的办公地点面积达到600多平方米。施凯公司对新办公地点进行比较精细的装修,并与画家合作,将画家的画展示在各个办公室里和走廊里。就在施凯公司搬到新的办公地点之后,就有几家大客户上门,并与施凯签约。

(案例来源:本书作者根据调研资料整理)

第四章　强盛阶段

乾曰：或跃在渊，无咎。
坤曰：括囊，无咎无誉。

第一节 挫折及其应对战略

一、明夷（䷣）

（一）卦的原文

卦辞：明夷[1]，利艰贞。
初九：明夷于飞，垂其翼；君子于行，三日不食；有攸往，主人有言[2]。
六二：明夷，夷于左股，用拯马壮，吉。
九三：明夷于南狩，得其大首，不可疾[3]贞。
六四：入于左腹，获明夷之心，于出门庭。
六五：箕子之明夷，利贞。
上六：不明晦，初登于天，后入于地。

（二）关键字、词解释

[1] 明夷（míng yí）：卦名，《易经》六十四卦之第三十六卦，主卦是离卦，卦象是火、太阳；客卦是坤卦，卦象是地。太阳入地，明夷。夷，通痍，为伤。明夷即光明受到损伤。《彖》曰："明入地中，明夷。内文明而外柔顺，以蒙大难，文王以之。利艰贞，晦其明也。内难而能正其志，箕子以之。"《象》曰："明入地中，'明夷'，君子以莅众，用晦而明。"

明夷卦，地上火下，龙入深渊之象。在晋卦期间，企业一步步跃晋（腾跃），在一跃上天之后，企业极度扩张，由于自身存在严重的问题与外界的打压，迫使其"一跃入渊"，呈"伤龙在渊"之势。但此龙已非彼龙。此时的在渊之龙已经十分成熟、十分强大，只是因严重受伤而"一跃入渊"。此时，企业需要奉行明夷之道：逃离危险、休养生息、韬光养晦、自我反省。明夷卦论述的就是明夷之道。

[2] 有言：责备，指责，批评。
[3] 不可疾：疾（jí），快，迅速，急促。不可疾，不能急于求成。

（三）现代诠释与重构

卦辞：企业在明夷时期（伤龙在渊时期）奉行明夷之道（明夷战略），有利于在艰难的环境中生存下去，坚守正道，"守明以待"。

初九：企业严重受伤，需要迅速地、悄悄地逃离危险，尽可能做到不被发现、不被注意。就像受伤的鸟儿悄悄逃离时垂翅而飞，以做到悄无声息；亦像受到中伤的君子逃离时长时间不食不宿，做到"一跃入渊"。企业已经严重受伤，需要好好休养。此时还想有所作为，如果失败，一定会受到企业股东（利益相关者）的指责与批评。

六二：在明夷时期，如果企业至关重要的部门受到了伤害，需要起用强有力的管理者、动用必要的资源，全力拯救。有如一个人在逃离时左大腿受了伤，要用强壮的马来救助，使其脱离险境。如此就会吉祥。

九三：企业利用迂回、隐蔽的战术，取得重大的成就，对此需要保持冷静，不能急于求成、趁机扩大战果。企业需要见好就收。就如古代某个国王，借打猎之名，出其不意，斩杀了敌人的首领，此时不能急于求成，趁机全歼敌人。等待时机（贞）是企业在明夷时期的战略主题之一，是明夷之道的重要内涵。

六四：企业通过某种途径（如内线）获悉利益相关者将要打压自己的重要信息，必须认真对待，马上研究对策并采取行动，或者启动已有的应急方案。

六五：有时，企业为了保存实力以维持生存，等待时机以图发展，不得不"装疯卖傻"。就如商纣王时期的箕子装疯卖傻一样。如此，有利于在艰难的环境中坚守正道，耐心地等待时机。"装疯卖傻"是企业在明夷时期的重要战术。

上六：企业在晋卦时期，由于不知进退，不懂韬光养晦之道，盲目扩张，结果在一跃上天之后，很快就被迫一跃入渊。对此，企业需要认真反思、吸取教训。否则，类似的事件还会重演。

二、家人（䷤）

（一）卦的原文

卦辞：家人[1]，利女贞。

初九：闲有家，悔亡。
六二：无攸遂[2]，在中馈[3]，贞吉。
九三：家人嗃嗃[4]，悔厉，吉；妇子嘻嘻[5]，终吝。
六四：富家，大吉。
九五：王假有家[6]，勿恤[7]，吉。
上九：有孚威如[8]，终吉。

(二) 关键字、词解释

[1] 家人（jiā rén）：卦名，《易经》六十四卦之第三十七卦，主卦是离卦，卦象是火；客卦是巽卦，卦象是风。《象》曰："风自火出，家人。君子以言有物而行有恒。"

"明夷"而需"家人"。家人卦论述了家对企业成员及企业的重要性，提出了家庭内部分工合作的原理、宽严并济的治家准则；论述了何谓"富家"，分析了家与企业（或国家）之间的关系。

[2] 无攸遂：攸，其他。遂，目的、愿望。

[3] 中馈：家庭中的饮食之事。

[4] 嗃嗃（hè hè）：严厉叱责声。

[5] 妇子嘻嘻：妇人和孩子整天骄佚喜笑。嘻嘻，骄佚喜笑之貌。

[6] 王假有家：王，可泛指一个组织的最高领导者。假，借助。有家，治家、齐家。

[7] 恤（xù）：忧虑，担心。

[8] 有孚威如：有诚信又有威严。威，威严。《象》曰："威如之吉，反身之谓也。"

(三) 现代诠释与重构

卦辞：家庭的主导者是女人，这是男女生理特征的差异及传统农牧业社会男女分工合作的结果。在家庭中，有利于女人充分发挥其生理与心理优势与长处。如果女人一直坚守正道、持家有方，家庭就会兴旺发达，女人在家庭的地位就会十分崇高，也会成为邻里学习的榜样。

初九：家庭对企业员工来说，具有不可替代的地位与作用。当企业成员在企业中受到心理与生理伤害时，家庭是最好的医治之所。回到家里，看到慈祥的父母、贤惠勤劳的妻子、可爱的儿女，一个人在外面遭受的种种挫折与不顺所带来的悔恨、忧伤、失望等心理情感能量都会消失、清零，重新获得前行的动力。在企业与个人处于"明夷"时期更是如此。从这个角度来看，家庭是企业心理情感能量场正常运行的原动力，家庭心理情感能量场是企业心理情感能量场至关重要的组成部分。这是"有家"的真正含义，反之，有家不如没有家。

六二：家庭是一个小社会，具有政治功能、经济功能、教育功能、交换功能、性功能、繁育功能。无论在任何时代，家庭内部都需要分工合作，有的人主要负责家庭外部事务，承担家庭的经济功能与职责；有的人主要负责家庭内部事务，将家庭内部事务打理得井井有条。负责家庭内部事务的人，将心思与精力放在家庭事务上，坚持不懈，就会把家庭内部事务打理得井井有条，使家庭和谐温馨，成为家庭成员的心灵港湾，使家庭心理情感能量场具有强大的吸引力。吉祥。

九三：治家要坚持宽严相济的原则。家庭成员犯了过错，家长严厉教训，大声呵斥，会引起相关成员的不满，自己事后也后悔太过严厉，但最终还是会吉祥。家庭主妇是家庭气氛的调节器，在维持家庭和谐温馨的过程中扮演着不可替代的角色，使家庭治理达到宽严相济的理想状态。但是，如果家庭主妇与子女不分场合、不分事件，总是嘻嘻哈哈，最终会有吝悔。

六四：家庭成员分工合作顺利、成功，各自出色地完成了自己的职责，使家庭的财富不断积累、德行不断圆满、人丁兴旺、与亲友邻里关系友善，大吉。

九五：企业的领导者首先要治理好自己的家，以此感化企业其他成员；同时要将企业变成拟态家庭，将企业视为一个大家庭，用心经营，使企业的财富不断积累、德行不断圆满、人才济济、与利益相关者关系友善，使企业心理情感能量场具有强大的吸引力。如此，便没有什么可忧虑的，企业一定可以顺利地度过明夷时期，吉祥。

上九：无论是家长或是企业的领导者，有诚信，又有威望，并时刻自我反省，最终都会度过艰难时期，吉祥。

三、睽（☲）

（一）卦的原文

卦辞：睽[1]，小事吉。
初九：悔亡。丧马[2]勿逐，自复[3]。见[4]恶人，无咎。

九二：遇主于巷，无咎。
六三：见舆曳[5]，其牛掣[6]；其人天且劓[7]，无初有终。
九四：睽孤，遇元夫[8]，交孚，厉，无咎。
六五：悔亡，厥宗噬肤[9]，往何咎？
上九：睽孤，见豕负涂，载鬼一车，先张之弧，后说之弧。匪寇婚媾；往遇雨[10]则吉。

（二）关键字、词解释

[1] 睽（kuí）：卦名，《易经》六十四卦之第三十八卦，主卦是兑卦，卦象是泽，特性是愉快，有向下之意；客卦是离卦，卦象是火，特性是光明而依赖，有向上之意。睽的意思是相违、矛盾、反目、乖离等。

"伤龙在渊"，企业成员离散，士气受到严重打击，凝聚力大幅下降，运行效率低下，此为企业的睽态。睽卦陈述了企业的睽态，论述了企业应有的处睽之道（处睽战略）。处睽之道的核心是休养生息，同时，争取支持，整合力量，逐步恢复元气。

[2] 马：喻指管理人才。

[3] 复：返回。

[4] 见：现，出现。

[5] 曳：拖拉，摇摆。

[6] 掣（chè）：拉，拽，掣肘。

[7] 其人天且劓：天（tiān），古代在人额头上刺字的刑罚。劓（yì），古代割掉人鼻子的一种酷刑。其人天且劓，喻指企业中的人受到了严厉的处罚。

[8] 元夫（yuán fū）：贤人，善士，有才智、有德行之人。

[9] 厥宗噬肤：厥（jué），其，他的，她的。噬肤（shì fū），比喻关系亲近。

[10] 雨：在此喻指时机。

（三）现代诠释与重构

卦辞："伤龙在渊"，企业成员离散，士气受到严重打击，凝聚力大幅下降，运行效率低下，此为企业的睽态。此时，企业应奉行处睽之道。处睽之道的核心是休养生息，对企业进行全面整合，尽力争取外部支持，逐步提高实力。此时，企业不能有大的行动，不能指望取得大的成绩，只能有一些小的动作，争取取得小的成绩，一点一点地积累力量，一点一点地从伤痛中恢复。如此，可获吉祥。俗话说，病来如山倒，病去如抽丝。再强壮的人也不可能立刻从严重的病、伤中恢复过来。

初九：企业逐渐从严重的伤痛中恢复，悔恨、自责的心理情感能量随着时间的推移也逐渐消失。管理人员出走，不要追赶，不要强留，待时机成熟，他们中的一些人会自己回来。企业发展处于低谷，企业内外出现少数"恶人"，是情理之中的事，企业要泰然处之，这样做没有过错。

九二：企业为了生存与发展，从伤痛中恢复过来，经过精心安排，企业领导者与政府相关部门负责人进行私下非正式会面，陈述企业过去的成就与对社会的贡献，说明企业面临的困境，展示企业价值观、宗旨、计划与发展的远景，寻求政府相关部门的支持与鼓励。这样做没有过错。

六三：由于管理人才流失，企业运行十分困难，效率十分低下。就如一辆大车，前被拉，后被拽，动弹不得。留下来的管理人员由于各种原因受到过严重的处分，存在心理阴影，在管理过程中胆小怕事、缩手缩脚。但是，这种情况在逐步得到改善，企业日常管理也慢慢恢复正常。

九四：企业处于睽态，孤立无援。遇到了一个（或一些）正直、善良且具有智慧的人，与他（们）坦诚相交，询问他（们）对相关问题的建议，与他（们）交谈以得到启发。这个过程可能很曲折、很艰难，但这样做没有过错。

六五：企业遭受严重的挫折，给宗亲、亲密的同学与朋友也带了伤害，他们产生了悔恨、怨恨、失望等心理情感能量。但随着时间的推移，这些不良的心理情感能量逐步耗尽。为了企业的生存与发展，前往争取宗亲、亲密同学与朋友的支持，会有什么过错呢？

上九：企业处于睽态，孤立无援。这时出现了一个（或数个）开拓型的人才，正往企业走来，还带着他的团队。企业开始紧张，保持警戒，随后又放松了警戒。原来他们并不是敌人，而是想与自己结盟（合作）的人！待时机成熟，双结盟（合作），吉祥。

四、蹇（☳）

（一）卦的原文

卦辞：蹇[1]，利西南[2]，不利东北[3]；利见[4]大人。贞吉。
初六：往蹇，来[5]誉。

六二：王臣蹇蹇，匪躬之故。

九三：往蹇，来反。

六四：往蹇，来连。

九五：大蹇，朋来。

上六：往蹇，来硕，吉，利见大人。

（二）关键字、词解释

[1] 蹇（jiǎn）：卦名，《易经》六十四卦之第三十九卦，主卦是艮卦，卦象是山，卦意为止、静；客卦是坎卦，卦象是水，卦意为险。蹇，原义为跛，引申为困难、艰险，行动不便，有险难之意。《象》曰："山上有水，蹇；君子以反身修德。"《彖》曰："蹇，难也，险在前也。见险而能止，知矣哉。蹇，利西南，往得中也。不利东北，其道穷也。利见大人，往有功也。当位贞吉，以正邦也。蹇之时用大矣哉。"

"伤龙在渊"，企业不仅处于睽态，同时也处于蹇态。蹇，行动困难，即向外发展困难。困难的原因是，一方面企业本身存在严重的问题，呈现睽态；另一方面，外部环境极为不利，困难、险阻重重。企业深处蹇态，必须奉行处蹇之道（处蹇战略）。处蹇之道有四：第一，避实就虚、避难就易、避险就平、避大就小；第二，智取不强夺、顺取不逆夺；第三，遇难则止、则返，以谋对策，等待时机，继续前行；第四，在艰难困苦中发现、培养企业的领导者。所有伟大的领导者都是在艰难困苦中磨炼出来的；同时，只有伟大的领导者才能将企业从艰难困苦中解脱出来。

[2] 西南：西南多平原，喻指平、缓、易、简。在后天八卦图中，西南为坤。

[3] 东北：东北多山地，喻指危、险、急、难。在后天八卦图中，东北为艮。

[4] 见：现，出现。

[5] 来：回来，停下来，回来或停下来等待。《象》曰："往蹇来誉，宜待也。"

（三）现代诠释与重构

卦辞："伤龙在渊"，企业不仅处于睽态，同时也处于蹇态。处蹇之时，采取两种策略对企业有利：第一，避实就虚、避难就易、避险就平、避大就小；第二，智取不强夺、顺取不逆夺。在艰难困苦中有利于发现、培养企业的领导者。所有伟大的领导者都是在艰难困苦中磨炼出来的；同时，只有伟大的领导者才能将企业从艰难困苦中解脱出来。始终坚守上述理念，并付诸实际行动，吉祥。

初六：企业采取向外发展的行动，遇到艰难险阻，停下来分析形势：分析企业的优势与劣势，分析外部的机遇与挑战，分析竞争对手，分析利益相关者。通过分析寻找对策，继续前进，取得成绩。这种做法应受到鼓励与赞誉，亦会得到社会与利益相关者的认可。

六二：企业的各级管理者在艰难困苦中努力前行，并不是为了自己，而是为了企业的生存与发展。企业的生存欲与发展欲来源于企业成员的生存欲与发展欲，企业与企业成员本为一体，休戚与共。

九三：企业采取向外发展的行动，遇到艰难险阻，停下来分析形势（分析企业的优势与劣势，分析外部的机遇与挑战，分析竞争对手，分析利益相关者），并对前一阶段的行动进行总结，吸取成功的经验，总结失败的教训，寻找对策，继续前进。

六四：企业采取向外发展的行动，前有艰难，后有险阻，不能进，不能退。对此，企业应保持冷静，分析形势，寻找对策，以图前行。

九五：企业遇到了极为艰难困苦的情况，但仍坚守正道。企业不畏艰难险阻的精神、处难克险的智慧、诚信正直的品德，被利益相关者认同与赞誉。他们当中有人伸出援手，协助企业渡过难关，企业得以继续前行。

上六：企业采取向外发展的行动，遇到艰难险阻，停下来分析形势（分析企业的优势与劣势，分析外部的机遇与挑战，分析竞争对手，分析利益相关者），并对前一阶段的行动进行总结，吸取成功的经验，总结失败的教训，寻找对策，继续前进，经过自己的努力与朋友的帮助，取得了较好的成绩，吉祥。在艰难困苦中有利于发现、培养企业的领导者。所有伟大的领导者都是在艰难困苦中磨炼出来的；同时，只有伟大的领导者才能将企业从艰难困苦中解脱出来。

五、解（䷧）

（一）卦的原文

卦辞：解[1]，利西南。无所往，其来复，吉；有攸往，夙[2]吉。
初六：无咎。

九二：田获三狐[3]，得黄矢[4]。贞吉。
六三：负且乘[5]，致寇至。贞吝。
九四：解而拇[6]，朋至斯孚。
六五：君子维有解，吉，有孚于小人。
上六：公用射隼[7]于高墉之上，获之无不利。

（二）关键字、词解释

[1] 解（jiě）：卦名，《易经》六十四卦之第四十卦，主卦是坎卦，卦象是水，卦意是危、险、难、困、艰；客卦是震卦，卦象是雷，卦意是动。

"伤龙在渊"，企业在睽态与蹇态中艰难前行，不断地自我修复，积蓄力量；同时，一批领导人才（大人）在艰难困苦中成长起来。这些领导人才是带领企业摆脱睽态与蹇态的关键。企业在解卦时期，展开了解放战略。解卦陈述了解放战略实施的过程，论述了解放战略的三种策略：第一，避实就虚、避难就易、避险就平、避大就小；第二，智取不强夺、顺取不逆夺；第三，保持清醒，切勿张扬。更为重要的是，解卦论述了解放战略至关重要的原则：诚实守信。

[2] 夙：早。

[3] 田获三狐：田，假借为畋，打猎。三，表示"一些"。狐，猎物，喻指对社会具有破坏性的"敌人"。

[4] 得黄矢：黄矢，黄色的箭头。黄色是地的颜色，在木火土金水的五行中，是中央颜色。得黄矢，喻指得到社会的认可与称赞。《象》曰："九二贞吉，得中道也。"

[5] 负且乘："田获三狐"之后的张扬行为。《象》曰："负且乘，亦可丑也，自我致戎，又谁咎也。"

[6] 解而拇：拇，大拇指。解而拇，指获得初步解放。

[7] 隼（sǔn）：猛禽，形状似鹰，翅膀窄而尖，上嘴呈钩曲状，背呈青黑色，尾尖呈白色，腹部呈黄色。饲养驯熟后，可以帮助主人打猎。

（三）现代诠释与重构

卦辞：企业奉行解放战略，应采取避实就虚、避难就易、避险就平、避大就小的策略。外部没有合适的机会，静下心来专心做好已有的业务，进行内部休养与整顿，等待时机，如此，吉祥。外部有合适的机会，尽早采取行动，及时抓住机会，吉祥。

初六：企业活力得到一定的恢复，实力得到了增长，磨炼出了一批管理人才与领导者，开始奉行解放战略，这样做没有过错。

九二：企业坚守正道（中正之道），用智慧在市场上取得可观的成绩，击败了一些名声不好的企业，得到行业与社会的认可。长此以往，吉祥。

六三：企业刚刚取得一些成绩，得到社会的初步认可，就迫不及待地到处张扬、炫耀，一定会招来嫉妒、怨恨与灾祸。如不及时改正，必定后悔，解放战略也无法继续。

九四：企业奉行解放战略，取得了初步成就，要兑现对朋友的承诺，取得朋友的继续支持。若对朋友不讲诚信，解放战略将无法继续推行。

六五：企业（领导者）只有坚持不懈地推行解放战略，才会吉祥。企业的普通员工对企业不离不弃，与企业同甘共苦，企业（领导者）要兑现对企业普通员工的承诺，以便为企业注入新的动力。如果企业（领导者）对企业普通员工不讲诚信，企业将再次陷入暌态与蹇态，企业的解放战略将中断，甚至很快走向灭亡。

上六：企业在市场上击败产业的破坏者，兼并、收购它，并对它进行改造，这样做顺应人心、符合道义，对企业十分有利。

本节案例

苏州固锝的"'家人'之道"

苏州固锝电子股份有限公司（以下简称"苏州固锝"）创立于1990年11月，2006年11月于深交所上市，成为中国二极管制造行业的首只A股。苏州固锝的董事长吴念博提出了"建设幸福企业"的概念，即要把企业当作"家"来爱护和经营，把所有的员工当作"家人"。

因此，苏州固锝建立了相对完善的幸福企业执行体系。首先，由董事长吴念博为领导，下设分管副总经理，设立由专职人员供职的企业幸福工作部，管理由八个模块小组构成的三个区域人文小组。制造企业中最基层的组织形式是班组，班组是企业各项工作的落脚点，为此，苏州固锝提出了"幸福班组制"。一个班组有七八个成员，刚好构成了一个"小家"，让员工找到了家，有了家的感觉。为了促进班组成员之间相互关心，也为了激励领班去关怀本班组员工，苏州固锝每个月都评选"幸福班组"和"幸福领班"，还建立了一系列的人文关怀制度——新员工入职导览式培训、新员工座谈会、幸福午餐、心理疏导、志愿者走入员工家中、关爱离职员工的就业和生活、丰富员工业余生活等。

苏州固锝在公司内部倡导"家"的气氛，从新员工入职的第一天起，即有专人对其进行爱的呵护，不仅在工作、学习、生活上给予他们最大的帮助，更多的是通过陪伴志工（志愿工作者）的言传身教，在思想、行动、情感上帮助他们尽早融入公司的大家庭。在人文关怀中，苏州固锝还积极培养志愿工作者以及幸福推广志工，做好志工输出的准备。幸福志工或者幸福大使的职责是义务协助更多的企业创建幸福典范，引导更多行业懂得为什么而做、如何去做。

（案例来源：苏州固锝公司官网。转引黎红雷《儒家商道智慧》，人民出版社2017年版，第27－29页。作者对案例内容有删减。）

第二节 奉献与回报

一、损（䷨）

（一）卦的原文

卦辞：损[1]，有孚，元吉，无咎，可贞，利有攸往。曷之用？二簋可用享。

初九：已事遄往[2]，无咎，酌损之。
九二：利贞，征凶，弗损[3]，益之。
六三：三人行，则损一人；一人行，则得其友。
六四：损其疾[4]，使遄有喜，无咎。
六五：或益之，十朋之龟[5]，弗克违，元吉。
上九：弗损，益之，无咎；贞吉，利有攸往，得臣无家。

（二）关键字、词解释

[1] 损（sǔn）：卦名，《易经》六十四卦之第四十一卦，主卦是兑卦，卦象是泽；客卦是艮卦，卦象是山。《彖》曰："损，损下益上，其道上行。"《象》曰："山下有泽，损。君子以惩忿窒欲。"

从卦象来看，泽有两个阳爻在下，一个阴爻在上。前者为火，后者为水。火使水蒸腾化云成雨，润泽山中草木，此为"损下益上"。组织、社会、国家通过价值观、宗旨、目标、远景激发人们的士气、凝聚力和奉献精神，通过组织制度、培训提升人们的操作力、执行力，提高生产效率，进而实现相关的战略目标，实现财富增长，此亦为"损下益上"。

企业在经历苦难（内忧外患）之后，实力不断增长，在市场上不断地取得成绩。同时，一批杰出的领导者也在磨难中成长起来，企业对企业成员与外部利益相关者诚实守信，企业的士气、凝聚力、归属感、奉献精神不断上升。所谓的奉献精神就是企业成员在特定的情况下，为了企业的生存与发展，愿意放弃自己部分或大部分利益，甚至全部利益的心理与精神状态。奉献精神催生奉献行为。损卦陈述了企业成员的奉献精神与奉献行为，论述了对待企业成员奉献精神与行为应有的态度与原则。

[2] 已事遄往：已（yǐ），停止，即放下自己手中事。遄（chuán），快，迅速。

[3] 弗损：对"征凶"之事不支持、不附和、不贡献。

[4] 疾：弊端与问题。

[5] 十朋之龟：朋（péng），古时货币。龟（guī），古时用龟于占卜。十朋之龟，表示非常珍贵的礼物，或比喻巨额的财富。

（三）现代诠释与重构

卦辞：损，奉献精神与奉献行为。企业对企业成员及利益相关者诚实守信，企业成员奉献精神不断上升，并催生奉献行为，为企业提供原动力，非常吉祥，如此没有过错，可以使企业长久地生存与发展下去，有利于达成企业想要达成的目标。如何感谢企业成员的奉献精神？就如祭祀神灵一样，只要心地虔诚、心怀敬畏，用简单的祭品，神灵也会高兴地享用，并提供保佑。

初九：企业有事，企业成员立刻放下自己手中的事情，迅速前往，这样做没有错。到达事发现场后，根据自己的实力、能力与企业的实际需要，奉献出自己的力量、能力、智慧与其他资源。

九二：企业成员的奉献精神与奉献行为有利于企业长期生存与发展。例如，得知企业的举措（战略、策略、政策、行动）很凶险，企业成员不顾自己的利益损失，坚决反对和阻止。这种做法有益于企业的生存与发展。

六三：企业不断地发展，开拓了新领域，或者兼并、收购了其他企业，要进行组织结构与组织人员调整。企业成员愿意奉献（牺牲）自己的利益，接受新的工作安排，离开自己长期经营的心理情感能量场，到新的环境中去工作，结识新的上级、同级与下属，重构自己的心理情感能量场。

六四：针对企业存在的弊端与问题，企业成员奉献自己的智慧，提出解决弊端与问题的对策，并敦促企业迅速采取行动，弊端与问题得到清除，这样做没有过错。

六五：为了企业的生存与发展，帮助企业渡过难关，某个或某些企业成员向企业奉献其巨额资产，或十分珍贵的东西，对此，企业不要（不能）推辞，这是企业成员奉献精神的体现。这种奉献精神为企业的生存与发展提供原动力，非常吉祥。

上九：奉献精神作为一种心理情感能量是有限的，是可以被耗尽的。为了保证企业成员奉献精神与奉献行为的可持续性，企业需要遏制企业成员奉献精神过度消耗，并对企业成员的奉献精神与奉献行为进行回报（益之）。这样做不会有错。长此以往，会很吉祥，有利于企业达成想要达成的目标，企业成员会以企业为家，在必要时会弃小家而顾大家（企业）。

二、益（䷩）

（一）卦的原文

卦辞：益[1]，利有攸往，利涉大川。
初九：利用为大作，元吉，无咎。
六二：或益之，十朋之龟，弗克违，永贞吉。王用享于帝，吉。
六三：益之，用凶事[2]，无咎；有孚中行，告公用圭[3]。
六四：中行，告公从，利用为依迁国[4]。
九五：有孚惠心，勿问元吉，有孚惠我德。
上九：莫益之，或击之，立心勿恒，凶。

（二）关键字、词解释

[1] 益（yì）：卦名，《易经》六十四卦之第四十二卦，主卦是震卦，卦象是雷；客卦巽卦，卦象是风。

益，回报、回馈。企业成员对企业的奉献精神与奉献行为必须得到回报，如此，企业成员的奉献精神与奉献行为才具有可持续性，企业的凝聚力、士气、归属感才能长期地维持。益卦论述的就是企业回报员工的重要性、原则、具体的做法及应注意的问题。

[2] 凶事：危、难、急、困、穷、灾、丧等，谓之凶事。

[3] 告公用圭：告公，告之于公，公布于众。圭（guī），玉器，玉板，玉片，上面可写要上奏的文字，古代大臣拿着它朝见皇上。此处指正式、正规的文书。

[4] 迁国：泛指大事。

（三）现代诠释与重构

卦辞：对企业成员的奉献精神与奉献行为进行回报，有利于企业达成想要达成的目标，有利于企业干大事、成大业。

初九：对企业成员的奉献精神与奉献行为进行回报，有利于企业干大事、成大业，为企业提供原动力，很吉祥，这样做不会有过错。

六二：企业成员不顾个人利益得失，阻止企业的错误行为，防止企业走向邪路，为企业挽回了重大的损失，甚至避免了企业走向灭亡，为此，企业回报给该成员以巨额的财富，是应该的，是值得的，该成员不要（不能）推辞。同样，企业成员在企业艰难的时刻，为帮助企业渡过难关，向企业奉献其巨额资产，或十分珍贵的东西，为此，企业回报给该成员以巨额的财富，是应该的，是值得的，该成员不要（不能）推辞。长此以往，吉祥。就如国王用丰厚的祭品祭祀上帝一样，吉祥。像这样的人就是企业的幸运之神，是企业的上帝。

六三：企业回报企业成员的方法之一便是设立扶危济难基金，这样做没有错。在运作扶危济难基金时，要有诚信，要坚守中道，所有的收支用正式的文件公之于众，让全体企业成员了解基金运作的情况，接受制约与监督。

六四：在很大程度上，企业回报员工最有效的方法就是坚守中正之道，凡事公正公平公开，如此员工就会跟从，有利于企业干大事、成大业。

九五：在回报企业成员的过程中，讲信守诚，使企业的心性圆满，肯定很吉祥。在回报企业成员的过程中，讲信守诚，使企业的德性丰厚。厚德方能载物。

上九：在回报企业成员的过程中，要有区分，不能一刀切。对企业没有奉献的个人和部门，就不能给予回报，因为不存在回报的理由；对损害企业利益的个人和部门，不仅不能给予回报，还要进行惩罚。这是企业回报企业成员的原则，不坚守这个原则，就有凶险。

本节案例

索尼的"损益之道"

为了更充分有效地调动每一个人的才能，索尼公司在确立较大目标的同时，也希望每一位主管、开发人员乃至每个员工，都能够找到自己的近期目标，从内部创业，在岗位上革新。

像索尼这样的大公司，分门别类可以找出诸多不同领域和工种，如电视机小组、录放像机小组，等等。公司规定，不管哪个部门或个人，提出有创造性的建议，都可上报高级主管，经过确认有效的，就积极鼓励他们继续做下去，当作自己的近期目标去不断努力，公司也尽最大力支持。

一般来说，索尼公司希望每一项大小创意，都能和现实紧密挂钩，但当有些创意还比较超前，提出创意者又十分感兴趣时，索尼公司也会大度地给予成全。公司曾经有一位年轻的研究人员，发明了一种电浆显示系统，他的创意是将来把这一系统用在电脑和平面电视显像器上。公司经过仔细研讨，对这一创意首先予以肯定，但认为离实际应用时间还比较长，所以不宜投入大量的资金和时间来开发。但这位年轻的研究人员对自己的创意和研究成果割舍不下，一定要继续下去，公司也没有办法。最后公司还专门为他筹措了一定的经费，他自己也弄了一些，就另起炉灶，组建一家个人公司。公司很不愿意失去这么一位能干、肯干、心中有目标的人才，但尊重他个人的选择，公司也只能如他所愿了。不管怎样，索尼公司还是很欣赏这种有创意、有目标的青年。他能把自己的发明及时告知公司，对公司本身也是一种信任。

索尼公司有这么一种传统，当部门里哪一个人获得新发明或新创意时，整个部门都为他高兴，而且其他人也感到很振奋，这也从另一个侧面体现了"一荣俱荣，一损俱损"的索尼企业文化精神。

所以，员工有感于同事的创意，会更加努力寻找自己的目标，争取在自己的岗位上有所提高、有所创新。这就迫使每一个员工去进一步熟悉自己的领域，和同行、对手相比较，找出差距，发挥潜能，提高自己的观察能力和实际操作水平。那些敢想敢干的员工，心里也就没有顾虑，只有动力。在生产、制作、开发的过程中，就会主动留意，加上自己的理解和创意，在别人没有做过的事情上试一试身手。

同样，高层主管也经常深入关心下属，了解进程，总结经验和教训，并不断提出和修改新的目标方案，以使目标更科学更完善。

[案例来源：张文昌、曲英艳、庄玉梅主编《现代管理学》（案例卷），山东人民出版社2004年版，第190-191页。案例内容有删减。]

第三节 走向强盛

一、夬（☱☰）

（一）卦的原文

卦辞：夬[1]，扬于王庭[2]，孚号；有厉，告自邑[3]，不利即戎，利有攸往。

初九：壮于前趾[4]，往不胜为咎。

九二：惕号，莫夜有戎[5]，勿恤。

九三：壮于頄[6]，有凶；君子夬夬[7]，独行遇雨，若濡有愠[8]，无咎。

九四：臀无肤[9]，其行次且[10]；牵羊[11]悔亡，闻言不信。

九五：苋陆夬夬，中行无咎。

上六：无号[12]，终有凶。

（二）关键字、词解释

[1] 夬（guài）：卦名，《易经》六十四卦之第四十三卦，主卦是乾卦，卦象是天，特性是强健；客卦兑卦，卦象是泽，特性是愉快。

夬，决也，决断，决策。在企业的发展过程中，需要不断进行战略与策略决断。企业的主要战略有扩张型战略、维持型战略、收缩型战略、放弃型战略、探索型战略、混合型战略，每一种战略都由一系列策略所支撑。在企业决策的过程中，只有体大道、谋大势，方能定经略、出权策。把握决策的时机与速度，当断则断，否则，必受其乱。夬卦论述的就是决策前提、原则及可能存在的问题等。

[2] 扬于王庭：扬，宣扬，商讨。王庭，可泛指正式场合。

[3] 有厉，告自邑：厉，危险。邑（yì），城邑，古时也指诸侯国，可喻指企业中的部门。

[4] 壮于前趾：趾，脚趾。壮于前趾，喻指部分强大或初步强大。

[5] 莫夜有戎：莫，暮。莫夜，暮夜。莫夜有戎，泛指突然发生严重的

变故。

[6] 壮于頄：頄（qiú），泛指面颊。壮于頄，面部表现出愤怒、仇恨、有力，喻指人的行为受到情感的左右，理性受到压制。

[7] 夬夬：果决貌。

[8] 愠（yùn）：怒，不开心，怨恨。

[9] 臀无肤：臀（tún），屁股。臀无肤，指臀部受到严重损伤，喻指因焦虑而无法安坐。

[10] 次且（zī jū）：步履艰难、犹豫不前貌。

[11] 牵羊：顺势、侥幸地取得一些成绩。

[12] 无号：无"孚号"，亦无"惕号"。

（三）现代诠释与重构

卦辞：企业的战略与策略决策，必须在正式的会议（场合）上充分讨论，决策者们充分发挥自己的才能，贡献自己的智慧，发表自己的意见，最后达成共识；战略与策略决策必须坚守正道与诚信；战略与策略决策做出后要向企业成员发出号令。在这个过程中必须防止一言堂，一言堂是集体催眠与集体弱智的根源。如此，企业的战略与策略决策才有感召力，才能得到人们的心理承诺与行为承诺。收到来自某个或某些部门危机的报告，不利于立即采取行动，需要对危机产生的原因、特征、影响进行详细的分析，根据企业自身的情况与外部环境做出应对决策。只有如此，才有利于企业达成想要达成的目标，才有利于危机的解除。

初九：企业在进行战略与策略决策时，要尽可能全面地、深入地、客观地分析企业的优势与劣势，分析竞争对手的优势与劣势，分析机会与挑战。这是决策的基本原则与前提。如果企业只根据自己某一方面的优势就做出战略与策略决策，并根据这种战略与策略决策采取行动，肯定不会取得胜利，而会遭受失败。这样做大错特错。正如孙子所说，知己知彼，百战不殆。

九二：对于可能存在的危机（危险），企业提前进行战略与策略决策，提供多套应对方案，进行提前布局，向企业部门与成员发布警惕的号令。如此，即使敌人（竞争者）发动突然袭击，或危机突然出现，也不用太担心（也没有什么可忧虑的）。

九三：如果企业的战略与策略决策受到决策者或企业成员喜、怒、哀、乐、悲、怜、恨、妒、骄、傲、蔑等情绪的左右，肯定会有凶险。战略与策略决策关系到企业的生死存亡，决策者应由理性支配，而不是由情感支配。管理者面临特殊的紧急情况，决断果敢，独断专行，抓住了机会，取得了成绩，虽然引起了人们的不满，但也没有过错。

九四：企业的决策者在决策的过程中，焦虑、怀疑、没有信心，像臀部受了重伤一样，坐卧不安、行动迟缓，虽然顺应形势，做出了决策，企业没有受到损失，并取得了一些成就，悔恨消失，但这样的决策者不值得信赖（相信）。

九五：企业在决策时，像拔苋草一样，迅速而果敢，抓住机遇，坚持中道，坚守诚信，如此，没有过错。

上六：企业在做出战略与策略决策后，没有根据诚信的原则发出号令，或者没有发出预警号令，或者两者都没有，最终都会有凶险。

二、姤（☰）

（一）卦的原文

卦辞：姤[1]。女壮[2]，勿用[3]取女。
初六：系于金柅[4]，贞吉；有攸往，见凶，羸豕[5]孚[6]蹢躅[7]。
九二：包有鱼[8]，无咎，不利宾[9]。
九三：臀无肤，其行次且，厉，无大咎。
九四：包无鱼，起凶。
九五：以杞包瓜[10]，含章[11]，有陨自天[12]。
九六：姤其角，吝，无咎。

（二）关键字、词解释

[1] 姤（gòu）：卦名，《易经》六十四卦之第四十四卦，主卦是巽卦，卦象是风；客卦是乾卦，卦象是天。《象》曰："天下有风，姤。后以施命诰四方。"《彖》曰："姤，遇也，柔遇刚也。勿用取女，不可与长也。天地相遇，品物咸章也。刚遇中正，天下大行也。姤之时义大矣哉！"

姤，遇也。王佐之才、国师之才，可遇而不可求。企业在经历了"潜龙在渊""现龙在田""惕龙在衢"，进入到"跃（伤）龙在渊"之后，本身已经磨炼出一批杰出的领导者，在经验、资金、技术等方面的积累也已经十分丰富。但是，企业想要由"跃（伤）龙在渊"发展为"飞龙在天"，则需要有王佐之才、国师之才，需要有"龙之师"。企业培养出来的一批杰出领导者，在经过长期合作与磨合之后,通过互相学习、互相模仿、互相暗示、互相让步,已经变得高度同质化,企业出现了智慧、灵感枯竭的现象。企业要想得到进一步发展,必须引进一批异质人才,以激发企业的活力。其中,最需要引进的便是王佐之才、国师之才、"龙之师"。引入王佐之才、国师之才、"龙之师"是一个艰难的过程,因为这些人才极为稀少,而且特立独行。这些人只能姤(遇),无法求。姤(遇),即企业最高领导者(王)与这些人在价值观、宗旨(使命)、战略目标与战略思维等方面具有高度的契合性,在能力、智慧、知识、性格等方面具有高度的互补性,双方结成战略联盟的关系,在很大程度上也是合伙人的关系,亦类似婚姻中的夫妻关系。姤卦论述了企业最高领导者(王)与王佐之才、国师之才、"龙之师"姤合的原则、重要性及应注意的问题。

[2] 女壮:喻指能力超强,但品德低下之人。

[3] 勿用:不能。

[4] 系于金柅:柅(nǐ),止动之机关。金柅,铜制的止动之机关,喻指行动(办事)原则。系于金柅,坚守某种原则。

[5] 羸豕:瘦猪。

[6] 孚:此处为不间断、一直之意。

[7] 蹢躅(zhí zhú):徘徊。

[8] 包有鱼:包,庖,厨房,代指国家、组织、企业。鱼,遇也;遇,姤也,代指王佐之才、国师之才、"龙之师"。

[9] 宾:客,与主、我相对,代指敌人或竞争者。

[10] 以杞包瓜:杞(qǐ),木名,枸杞,茄科,落叶小灌木。以杞包瓜,比喻善待良才。

[11] 含章:《象》曰:"九五含章,中正也。"

[12] 有陨自天:喻不期而至。《象》曰:"有陨自天,志不舍命也。"

(三)现代诠释与重构

卦辞:企业要想继续向前发展,需要一批王佐之才、国师之才、"龙之师",这些人只能姤合,不能用其他方式取得。所谓的姤合,是指企业最高领导者(王)与这些人在价值观、宗旨(使命)、战略目标与战略思维等方面具有高度的契合性,在能力、智慧、知识、性格等方面具有高度的互补性,双方结成战略联盟的关系,在很大程度上也是合伙人的关系,亦类似婚姻中的夫妻关系。有些人看起来像王佐之才、国师之才、"龙之师",但实际上似是而非。

例如，有些人能力超强，具有强大的洞察力与执行力，但品德低下，尽用阴险之道。这种人不能与之姤合。这是姤合必须坚守的原则。否则，启用这些人即使暂时能给企业带来好处，但肯定会给企业带来无尽的后患，并将企业推向灭亡。

初六：企业在寻求姤合的过程中坚守姤合的原则，长此以往，吉祥。在没有姤合到王佐之才、国师之才、"龙之师"之前，企业采取"腾飞"战略，肯定凶险。企业在寻求姤合的过程中，会受到许多貌似王佐之才、国师之才、"龙之师"的人的不断干扰。这些人像长期得不到充足食物的猪一样，躁动不安，一直纠缠着企业。稍不留神，他们便会在企业中取得至关重要的位置。

九二：企业有了王佐之才、国师之才、"龙之师"，启动腾飞战略，就不会犯大的错误。这对竞争对手极为不利。

九三：企业在寻求与王佐之才、国师之才、"龙之师"姤合的过程中，坐卧不安，行动犹豫、缓慢，十分艰难，这是正常的，没有什么大的问题。事关企业的前途与命运，理当如此。

九四：企业没有王佐之才、国师之才、"龙之师"，启动腾飞战略，十分凶险。

九五：善待企业中已有的良才，善待准备投奔企业的良才，坚守正道，修身养德，占领道德制高点，坚持下去，耐心等待，王佐之才、国师之才、"龙之师"会不期而至。

九六：在与王佐之才、国师之才、"龙之师"姤合的过程中，与他们发生冲突与误解，虽然使人不愉快、后悔，但是没有过错。因为这些冲突多是建设性的冲突，可以从整体上提升企业智慧与能力，对企业实现腾飞战略十分有利。

三、萃（䷬）

（一）卦的原文

卦辞：萃[1]，亨。王假有庙，利见大人，亨，利贞；用大牲吉，利有攸往。

初六：有孚不终，乃乱乃萃；若号，一握为笑；勿恤，往无咎。

六二：引吉，无咎；孚乃利用禴[2]。

六三：萃如嗟如，无攸利；往无咎，小吝。

九四：大吉，无咎。
九五：萃有位，无咎，匪孚，元永贞，悔亡。
上六：赍咨涕洟[3]，无咎。

(二) 关键字、词解释

[1] 萃（cuì）：卦名，《易经》六十四卦之第四十五卦，主卦是坤卦，卦象是地；客卦是兑卦，卦象是泽。《彖》曰："萃，聚也。顺以说，刚中而应，故聚也。"《象》曰："泽上于地，萃。君子以除戎器，戒不虞。"

萃，聚也。企业通过正确的价值、宗旨、目标、远景，把人员招（找）过来，通过组织结构将合适的人员安排在合适的位置（岗位），通过组织制度把人员管理起来，通过合理的分配制度调动人员的工作积极性。总之，人聚集在一起就会产生权力、利益、责任与义务，企业必须对权力、利益、责任与义务进行合情、合理、合法的分割与分配，构建良好的心理情感能量场，在这个场中，企业所有的成员安心、开心，对未来充满希望。在这个过程中，企业的领导者必须始终坚持正道、具有包容心、具有担当精神，占领道德制高点。组织必须始终坚持正确的价值观、宗旨、目标。否则，汇聚在一起的人才就会流失，留下的人才会派系林立、军心不稳、士气低落，没有战斗力。企业必须有人才储备战略思维，特别是大中型企业。萃卦所论述的就是人才聚合之道。

[2] 禴（yuè）：古代四时祭祀之一，是较微薄的祭祀。一种说法指春祭，另一种说法为夏祭。

[3] 赍咨涕洟：赍（jī），带着抱着的意思。咨（zī 资），嗟叹声。涕，眼泪。洟（yí 夷），鼻涕。

(三) 现代诠释与重构

卦辞：企业聚合了各类良才，其中有王之师、国之师、"龙之师"。有了这些良才，企业便有了由"跃（伤）龙在渊"发展到"飞龙在天"最重要的基础。对企业来说，这是亨通顺利之象。企业的最高领导者要充分利用这些人才的智慧与才能，定期举行正式的议事会，讨论企业发展面临的各种问题，让这些人充分发表自己的见解，展示自己的才华。会议要像国王在庙堂祭祀祖先一样隆重。在这种气氛与环境之下，有利于磨炼出一批伟大的人，这些人将引领企业腾飞。这种做法，使企业亨通顺利，有利于企业长远的生存与发展。在待遇上，对待企业各类良才，尤其对于王之师、国之师、"龙之师"，根据企业实际财力，尽可能优厚（"用大牲"）。如此，便会吉祥，有利于企业成就大的事业，有利于企业"出渊飞天"。

初六：各类人才聚合在一起，要使之成为一个有机的整体是一个艰难而漫长的过程。互相信任与有效的组织是使各类人才成为一个有机整体的关键因素。信任与怀疑是人的本性，因此，互相信任与互相怀疑的心理情感能量会因为各种原因互相纠缠，企业内部个人之间、部门之间互相争吵、互相争夺的乱象随之出现。此时，便需要有效的组织与领导（萃），一方面将各类人才安排在合适的职位上，使其各展所长、避其所短；另一方面，让争吵、争夺相关方坐下来好好沟通，消除误会，建立互相信任的关系，让企业心理情感能量场充满信任的能量。这是萃道的基本原则。如此，一旦企业有大的行动，号令一下，那些曾经互相争吵、互相争夺的人，便会"一握为笑"，为了企业的战略目标互相协作、互相配合。企业也没有必要为此（曾经互相争吵、互相争夺）担心，放心让他们去执行任务，这种做法没有错。

六二：企业的价值观、宗旨、目标、远景是企业心理情感能量场运行的核心（根源性）动力源，以此来引导、引领聚合到企业的各类人才，使他们有机地融入企业之中，吉祥，这样做没有错。一旦各类人才与企业建立起互相信任的关系，他们就会不断地为企业奉献自己的智慧与努力。就如祭祀祖先、上帝一样，只要诚心诚意、心怀敬畏，祭品简单也一样能得到祖先、上帝的福佑。

六三：各类人才聚集在一起，有些人因为各种原因心生不满、失望、怨恨、嫉妒、忧伤，不断地发出怨叹之声，这种情况对企业与个人都没有任何好处。这些人选择离开企业，没有过错。人各有志，无法强留，也不必强留。但对企业来说，还是有小小的遗憾。

九四：心生不满、失望、怨恨、嫉妒、忧伤的人离开了企业，企业成员步调更加一致，企业心理情感能量场变得到更有凝聚力，企业成员士气更高，这是一件大吉大利的事，没有过错。

九五：企业最高领导者，充分利用自己的地位，充分发挥感召、组织、领导、协调、控制、沟通的作用，使聚合到企业的各类人才各得其位、各展所长，与企业融为一体。这样做没有错。虽然有可能不被信任，但只要不忘初心，一直坚守正道，占领道德制高点，长此以往，因各种原因产生的悔恨就会消失。

上六：经过努力，各类人才终于与企业融为一体，企业士气高昂，战斗力十足，同时又充满了智慧。企业呈现出龙飞之象。对此，企业的领导者们（元老们）互相拥抱，感慨、感动交集，涕泪横流，虽然仪态不雅，但没有过错。

四、升（䷭）

（一）卦的原文

卦辞：升[1]，元亨，用见大人，勿恤，南征[2]吉。
初六：允[3]升，大吉。
九二：孚乃利用禴，无咎。
九三：升虚邑[4]。
六四：王用亨于岐山，吉无咎。
六五：贞吉，升阶。
上六：冥升[5]，利于不息之贞。

（二）关键字、词解释

[1] 升（shēng）：卦名，《易经》六十四卦之第四十六卦，主卦是巽卦，卦象是风，是木，卦意为升、为长、为顺；客卦是坤卦，卦象是地，卦意为厚、宽、广。《彖》曰："柔以时升，巽而顺，刚中而应，是以大亨。"《象》曰："地中生木，升。君子以慎德，积小以成高大。"

升卦，龙"出渊飞天"之象。企业从明夷开始，就一点点地在自我修复，通过不断努力，企业各项能力都大大增强。发展到姤卦与萃卦阶段，企业聚合了大批各类人才，其中有一批王之师、国之师、"龙之师"，为企业"出渊飞天"打下了坚实的基础。升卦论述的就是企业"出渊飞天"的原则、过程及应注意的问题。如果企业"出渊飞天"成功，企业便进入了"飞龙在天"的阶段。从历史与现实来看，只有极少数企业能发展到这个阶段。

[2] 南征：南，西南，平、缓、易等的指代词。南征，即避实就虚、避难就易、避险就平、避大就小、避多就少。

[3] 允：信，诚信。

[4] 升虚邑：因"南征"而"升虚邑"。虚邑，意指新的领域。

[5] 冥升：防患于未然的意识上升，即忧患意识上升。与《易经》第十六卦上六爻中的"冥豫"类似。

(三) 现代诠释与重构

卦辞：升，企业"出渊飞天"，这一战略能为企业提供原动力，非常亨通顺利，可以用来磨炼出一批伟大的人，不用担心。企业要实现"出渊飞天"战略，必须避实就虚、避难就易、避险就平、避大就小、避多就少，如此，方可吉祥。虚、易、平、小、少等，在企业不同的发展阶段其定义有着很大的差别。

初六：企业诚信的品德与行为得到质的飞跃，大为吉祥。企业诚信的品德与行为是企业实现"飞龙在天"战略的前提。企业腾飞需要小诚小信，更需要大诚大信。小信，言与行合；小诚，心与言、行合。大信，言、行与仁、义、礼（制度规范）、智（价值观）合；大诚，心、言、行与仁、义、礼（制度规范）、智（价值观）合。大诚、大信是企业"出渊飞天"的前提与基础。

九二：对待企业的利益相关者就像对待神一样，心怀诚信与敬畏，虽然祭品简单，也没有过错。

九三：由于企业对利益相关者心怀诚信与敬畏，赢得了利益相关者的大力支持，企业顺利地提升了自己的实力，扩大了自己的规模，拓展了自己的业务，开创了新的领域。

六四：企业众望所归，顺应大势，成为产业（行业）的领导者，主持产业规则的制定与战略发展规划。有如周文王主祭于岐山一样，吉祥，没有过错。

六五：企业坚守正道，坚持大诚大信的原则，心怀诚信与敬畏地对待利益相关者，不断地提升自己的实力，如此以往，吉祥。企业实现腾飞，进入"飞龙在天"的状态。

上六：在腾飞的过程中，企业的忧患意识亦随之提升，把握好分寸，注意休养生息、张弛有度、明进知退、有错即改、有弊即革，防患于未然，如此，才有利于企业生生不息地发展下去。否则，企业将很快陷入困顿，更有甚者，会突然解体，"龙坠于地"。

本章案例

微软公司的萃道

大多数不断发展的公司都会遇到一个典型的问题：怎样把人才留在技术岗

位上，以便充分利用他积累的专业知识和公司已付出的投资。同样，在微软不断发展壮大、不断聘用新雇员并将之培育成优秀的技术人员之后，也遇到了同样的问题。微软公司解决这一问题的一个独到之处就是把技术过硬的技术人员推上管理者的岗位。

盖茨与公司其他的早期领导一直都很注意提升技术过硬的员工担任经理职务，这一政策的结果也使微软获得了比其他众多软件公司别具一格的优越性——微软的管理者既是本行业技术的佼佼者，时刻把握本产业的技术脉搏，同时又能把技术和如何用技术为公司获取最大利润相结合，形成一支既懂技术又善经营的管理阶层。例如，集团总裁内森·梅尔沃德是普林斯顿大学物理学博士，师从诺贝尔物理学奖获得者斯蒂芬·霍金，他负责公司网络、多媒体技术、无线电通信以及联机服务等。但是这一方法对于那些只想待在本专业并且只想升到本专业最高位置而又不必担负责任的开发员、测试员和程序员来说是没有多大吸引力的，这样，职业管理的问题就产生了。微软解决这一问题的主要办法就是在技术部门建立正规的技术升迁途径。建立技术升迁途径的办法对于留住熟练的技术人员，承认他们并给予他们相当于一般管理者可以得到的报酬是很重要的。

在职能部门里典型的晋职途径是从新雇员变成指导教师、组长，再成为整个产品单位里某个功能领域的经理（比如 Excel 的程序经理、开发经理或测试经理）。在这些经理之上就是产品单位的高级职位，这包括职能领域的主管或者产品单位中的某些职位，他们负责 Excel 和 Word 等产品组并且构造用于 Office 应用软件的共同特性。

同时，微软既想让人们通过部门升迁以产生激励作用，还想在不同的职能部门之间建立起某种可比性。微软在两个专业里设立级别（按照不同职能部门，起始点是大学毕业生的 9 级或 10 级，一直到 13、14、15 级），这些级别既反映了人们在公司的表现和基本技能，也反映了经验阅历。升迁要经过高级管理层的审批，并与报酬直接挂钩。这种制度能帮助经理们招收开发员并"建立与之相匹配的工资方案"。

级别对微软雇员最直接的影响是他们的报酬。通常微软的政策是低工资，包括行政人员在内，但以奖金和个人股权形式给予较高的激励性收入补偿。刚从大学毕业的新雇员（10 级）工资为 3.5 万美元左右，拥有硕士学位的新雇员工资约为 4.5 万美元左右，对于资深或非常出众的开发员或研究员，盖茨将给予两倍于这个数目或更多的工资，这还不包括奖金。测试员的工资要少一些，刚开始为 3 万美元，但对于高级人员，其工资则达 8 万美元左右。由于拥有股票，微软的17800名雇员中有大约3000人是百万富翁，这个比例是相似规模公司中最高的。

在微软这一技术晋级制度中，确定开发员的级别（指SDE，即软件开发工程师的级别）是最为重要的，这不仅是因为在微软以至整个行业中留住优秀的开发员是决定一个公司生存的关键，还因为确定开发员的级别能为其专业提供晋级准则和相应的报酬标准。在开发部门，开发经理每年对全体人员进行一次考查并确定其级别。开发主管也进行考查以确保全公司升迁的标准统一。一个从大学里招来的新雇员一般是10级，新开发员通常需要6～18个月才升一级，有硕士学位的员工要升得快一些，或一进公司就是11级。一般的升迁标准和要求是：当你显示出你是一位有实力的开发员，编写代码准确无误，而且在某个项目上你基本可以应付一切事情时，你会升到12级，12级人员通常对项目有重大影响。当你开始从事的工作有跨商业单位性质时，你就可以升到13级。当你的影响跨越部门时，你可以升到15级。在开发部门中，有50%～60%的开发员是10级和11级人员，大约20%属于12级，15%属于13级，而剩下的5%～8%属于14级和15级。由于级别是与报酬和待遇直接挂钩的，这样，微软就能确保及时合理地奖励优秀员工并能成功地留住优秀人才。

［案例来源：张文昌、曲英艳、庄玉梅主编《现代管理学》（案例卷），山东人民出版社2004年版，第191－192页。］

第五章　鼎盛阶段

乾曰：飞龙在天，利见大人。
坤曰：黄裳，元吉。

第一节 改革创新战略

一、困（☵）

（一）卦的原文

卦辞：困[1]，亨，贞，大人贞，无咎；有言不信。
初六：臀困于株木[2]，入于幽谷[3]，三岁不觌[4]。
九二：困于酒食。朱绂[5]方来，利用享祀，征凶，无咎。
六三：困于石[6]，据于蒺藜[7]；入于其宫，不见其妻，凶。
九四：来徐徐，困于金车[8]，吝，有终。
九五：劓刖[9]，困于赤绂。乃徐有说[10]，利用祭祀。
上六：困于葛藟[11]，于臲卼[12]，曰动悔，有悔，征吉。

（二）关键字、词解释

[1] 困：卦名，《易经》六十四卦之第四十七卦，主卦是坎卦，卦象是水；客卦是兑卦，卦象是泽。水在泽下，泽枯，困。

升而困。一个人从原来的地位上升到新的地位，面临重新社会化的困境。新的地位、新的职位、新的权力、新的利益、新的责任与义务、新的关系，都需要重新适应。特别是自己升了，他人就没有机会升，或者降了，这会使得他人极为不满。特别是如果自己的才能、德行与经验不如他人或与新的地位不相配时，他人就会给自己制造困境。此时，唯有坚守正道，努力适应新的角色，进行合理的社会化，并不断地提升自己的才能与德行，丰富自己的经验，才可能摆脱困境。升而困的另一个原因（机制）就是，升了，就很有可能忘乎所以，认为自己升是理所当然，忘记了帮助过自己的人，人性出现失衡，开始变得贪婪、行为不轨。总之，地位的变化会给一个人带来各种各样的困境：困于名、困于利、困于权、困于所得、困于所失、困于各种复杂的关系、困于各种复杂的角色。

从企业的角度来看，企业发展到新的阶段，上升到新的地位，原来的组织结构、组织制度、人力资源无法适应新的地位,甚至原来的价值观、宗旨、目标都会过时,企业与企业成员会陷入迷茫的状态,进而陷入困境。企业发展到"飞龙在天"的状态,心态与行为会发生不良的变化,产品与服务可能会变得马马虎虎,导致客户不断流失,收入不断下降。困卦分析论述了企业进入"飞龙在天"后的各种困境,提出了摆脱困境的原则与方法。

[2] 臀困于株木:株木,老的树木或树桩,喻指过去的或即将过去的事物。臀困于株木,屁股卡在陈旧的树木之中,喻指困于过去的或即将过去的事物之中。

[3] 入于幽谷:困在深山幽谷之中,喻指企业困于过去的巨大成功,变得自矜、自傲、自恋,不愿意或无法与外界进行正常的能量交换,企业的产品与服务也变得马马虎虎。

[4] 三岁不觌:觌(dí 敌),见面。三岁不觌,指三年不愿与人见面,形容困陷之深,喻指企业长时间无法从自矜、自傲、自恋的状态摆脱出来。

[5] 朱绂(zhū fú):古代礼服上的红色蔽膝,后多借指官服,这里喻指官位。

[6] 石:实,与名相对,喻指实际承担的角色(职位)。

[7] 蒺藜(jí lí):一年生草本植物,茎横生在地面上,开小黄花,果实也叫蒺藜,有刺,可以入药。在此喻指角色之间的纠缠。

[8] 金车:用铜做装饰的豪华车子,喻指名、利、权、位。

[9] 劓刖(yì yuè):割鼻断足的刑罚,泛指严厉的处罚。

[10] 说:脱,摆脱。

[11] 葛藟(gé lěi):植物名,一种葡萄类藤木,又称"千岁藟"。

[12] 于臲卼:臲(niè),不安。卼(wù),高而上平,形容秃山。于臲卼,喻指身在高孤之处、高孤之位,十分危险。

(三) 现代诠释与重构

卦辞:企业发展到"飞龙在天"的阶段,会陷入各种各样的困境,即所谓的"阶段性极限困境"。企业在困境中坚守正道,不断地谋求发展,谋求脱困之道,进行改革与创新,就会从"阶段性极限困境"中摆脱出来,就会亨通顺利。对于有德有位有才的企业成员来说,企业的困境是进一步提升自己的机会,吉祥,没有灾害。但是,当企业处于困境时,其(企业)所言所行都不会被人们相信,很难得到人们的信任,这种现象具有普遍性。

初六:企业发展到"飞龙在天"的阶段,已经取得了巨大的成功,做出了巨大的成绩，为社会做出巨大的贡献，因而对自己的能力、组织结构、组织制度、组织理念、人力资源、产品、服务十分自信，从而产生了自矜、自傲、自恋的心理与行为，企业心理情感能量场出现了集体兴奋、集体自豪、集体自大、集体狂热，从而导致了集体催眠与集体弱智，无法或不能与外界进行正常的能量交换。企业深深地困于其中，长时间不能自拔。

九二：企业进入"飞龙在天"的阶段，非正常经营性的社会交往事务大幅增多，迎来送往频繁。企业（各级）管理者要么正在"酒食"，要么在赶往"酒食"的路上，困于"酒食"而无法自拔，用于企业实质性事务的时间与精力越来越少。同时，企业的发展与实力引起了政府相关部门的注意，开始让企业领导者担任公共职位。对于这种情况，企业要像祭祀神灵一样，心怀诚信与敬畏，否则，后患无穷。由企业领导者困于酒食，并初任公共职位，企业任何大的行动都会引起社会的质疑，都可能有凶险。企业采取维持型战略可保"无咎"。

六三：企业领导者同时承担了许多角色，这些角色都向承担者索要时间、精力与关注，企业领导者陷入角色纠缠之中，稍有不慎，便会受到伤害。由于角色纠缠与角色迷失，企业领导十分容易将公共角色与私人角色混在一起。由于角色扮演与角色心理的惯性，企业领导者回到家中，将妻儿当成企业的员工一样对待，没有扮演好丈夫与父亲的角色；妻子与儿女的期待被忽视，家庭心理情感能量场出现分裂，怨、恨、失望（甚至绝望）等心理情感能量取得了主导性地位。如此，十分凶险。

九四：企业与企业领导者被名、利、权、位所困，瞻前顾后，行动迟缓，如此，必有吝悔。但如能有所醒悟与悔改，企业还是能够获得发展，个人亦能得到一个好的结果。

九五：随着时间的推移，企业（最高领导者）承担的公共职务越来越多，耗费了企业领导者大量的时间与精力。由于企业受到社会高度关注，企业任何过错都会被成倍放大，导致各种负面新闻层出不穷，企业官司缠身，各种严厉惩罚不断。在这个过程中，企业必须坚守正道，像祭祀神灵一样心怀诚信与敬畏，小心谨慎，方可慢慢地从此类困境中摆脱出来。

上六：企业被各类竞争者所困，被利益相关者所困，被内部问题所困，被各种角色所困，身处孤高之位而危险重重。有所行动，很危险并产生悔恨；不行动，亦很危险，也会悔恨。面对这种困境，企业只有采取摆脱困境的战略，进行改革与创新，放手一搏，才有可能获得吉祥。否则，企业将在困境中慢慢消亡，退出历史舞台。

二、井（䷯）

（一）卦的原文

卦辞：井[1]。改邑不改井，无丧无得，往来井井；汔至[2]，亦未繘井[3]，羸其瓶[4]，凶。

初六：井泥不食，旧井无禽。

九二：井谷射鲋[5]，瓮敝漏[6]。

九三：井渫不食[7]，为我心恻；可用汲，王明[8]，并受其福。

六四：井甃[9]，无咎。

九五：井洌，寒泉食。

上六：井收勿幕[10]，有孚元吉。

（二）关键字、词解释

[1] 井（jǐng）：卦名，《易经》六十四卦之第四十八卦，主卦是巽卦，卦象是风；客卦是坎卦，卦象是水。

困如破井，困如弃井。井因何而破？井何以被弃？井被何人所弃？修井是否有用？井是否可以被修复如初？这都是战略性的问题。井卦讲了两种井：破井与弃井。商朝的后期已成破井，最后成了弃井。

与万事万物一样，任何井都有生命周期。从政治性国家（朝代）的角度来看，一个朝代生命周期的后期可能与另一个朝代生命周期的早期纠缠在一起，人才流向生命力旺盛的朝代是一种大势。从企业的角度来看，企业所处行业的生命周期、企业本身的生命周期、产品（服务）的市场生命周期、技术的市场生命周期、新兴企业的生命周期及其纠缠点（区），是决定企业生死十分重要的变量。从个人角度来看，总有一天会进入破井、弃井的状态。面对这种局势，国家、组织（包括企业）、个人，需要从战略的角度来思考问题，寻找对策。只有体大道、谋大势，才能定经略、出权策。国家、组织（包括企业）、个人，都需要对生命周期纠缠理论有十分深刻的理解。

破井与弃井存在很大的区别。破井可修可革，弃井修革无用。如成弃井，只能另挖新井。

产品或服务是企业生命之井。企业成员因产品或服务的兴旺而聚集，因为产品与服务的衰败而离散。从企业战略的角度来看，井卦论述了企业产品或服务衰败、振兴与放弃的过程。

［2］汔至：汔（qì），水枯，汔至，指水井快干枯了。

［3］未繘井：繘（jú），古指井绳，用来从井中打水。未繘井，指井绳没了或坏了。

［4］羸其瓶：瓶，打水的容器。羸其瓶，打水的容器被摔破了。

［5］井谷射鲋：井谷，井底。射，此处指追逐、捕捉、清理。鲋（fù付），本指鲫鱼，此处指代引起井水污浊的生物。

［6］瓮敝漏：瓮（wèng），一种盛水或酒等的陶器。敝（bì），破旧，破坏。瓮敝漏，前面可能少个动词，意指清除井中破旧的打水容器和其他人造的杂物。

［7］井渫不食：渫（xiè），除去，淘去污泥。井渫不食，井刚刚清理干净，其水依然污秽不堪，不能马上食用。

［8］王明：此处指正式的通知、正式的通告。

［9］井甃：甃（zhòu），用石头或砖块修缮井壁。此处指用石头或砖块重新把井修缮一下。

［10］幕：盖，遮盖。

(三) 现代诠释与重构

卦辞：井，村邑因此而兴。村邑可以搬迁，但水井无法搬迁。正常的情况下，人们对井水的需求不会减少，也不会增多；井水不会变多，也不会变少。取水的人来来往往，井然有序。但随着时间的推移，井中泥沙不断淤积，井中的水越来越少，取水的井绳坏了（没有了），取水的容器也破了，这种情况十分凶险。对于企业来说，产品与服务就是企业的生命之井。企业可以消失、搬迁、转换，但是，人们对产品或服务的需要不会消失；正常的情况下，在一定时期内，人们对某一产品或服务的需求不会减少，也不会增多；人们井然有序地在市场获取自己需要的产品与服务。当一个企业的产品与服务在质量、渠道、营销方式等方面出现严重问题时，对企业来说，十分凶险。

初六：企业的产品与服务在质量、性能等方面出现了严重的问题，人们不再购买，企业无人光顾。就如满是污泥的水井一样，人们不再取水食用；亦如枯竭的旧井，连鸟儿都不愿歇脚。

九二：企业想要重新赢得顾客的信任，必须对产品或服务的品质、性能进行改造升级，必须清除影响产品或服务品质、性能的障碍（因素）。就像要恢复水井的水质，必须清除井底的淤泥，捉净井底的鱼、虾、蛙、虫，清理杂草、破旧的打水容器及其他人造的杂物。

九三：企业产品或服务的品质与性能得到了提升，但依然没有人光顾，企业可能会为此难过。企业必须明白，企业产品或服务的品质与性能虽然得到了提升，但还不够成熟与完善，不能供人们使用，人们也不愿意使用。有如水井刚刚清理、淘洗完，其水依然污浊，不能饮用，需要静置一段时间，待净化之后才能饮用一样。等企业的产品或服务成熟了、完善了，可以供人们使用了，就可以大做广告，进行宣传，让消费者享受产品或服务带来的方便与好处。亦如井水可以饮用了，便正式广而告之，使村邑及其附近的人受井之益。

六四：企业对产品或服务进一步完善，构建品质的保障，这样做没有错。有如用砖石修井，使井变得更加牢固、防止泥沙淤积、保持水质纯净一样，没有过错。

九五：企业对产品或服务进一步完善后，质量与性能上乘、外形美观，深受人们的喜爱。有如水井用砖石加固、修缮之后，井水甘洌，深受人们喜爱一样。

上六：当企业战略发生转移，放弃旧产品、旧服务，而提供新产品或新服务时，仍须为原来的消费者提供后续服务与配套的零配件；或者公开原产品、原服务的技术与商业秘密，使消费者能够得到相关的后续服务与配套的零配件。有如水井修好了，过了一段时间，村邑因各种原因要搬迁到其他地方去，不要将水井盖上一样，因为路过的人和其他村邑的人还需要这口井，相关的动物也需要这口井。这样做是大仁、大诚、大信的行为，充分照顾了利益相关者的利益，能为企业提供原动力，非常吉祥。

三、革（䷰）

（一）卦的原文

卦辞：革[1]，巳日[2]乃孚，元，亨，利贞，悔亡。
初九：巩用黄牛之革。
六二：巳日乃革之，征，吉，无咎。
九三：征，凶；贞，厉。革言三就，有孚。
九四：悔亡，有孚，改命，吉。
九五：大人虎变[3]，未占有孚。
上六：君子豹变[4]，小人革面[5]，征，凶。居，贞，吉。

（二）关键字、词解释

[1] 革（gé）：卦名，《易经》六十四卦之第四十九卦，主卦是离卦，卦象是火；客卦是兑卦，卦象是泽。《象》曰："泽中有火，革。"

革，革命、革新、变革、改变。变革是一个复杂的过程。在本质上，任何变革都是权力、财富、名望、地位、责任、义务的重新分割与分配，因此，反对变革与赞成变革的力量同时存在。变革者要抓住时机，即不能过早变革也不能过晚变革，时机成熟要当机立断。变革者要争取民众的支持与重要人物的支持，要心怀大道，不可有私心。变革不可操之太急，变革方案要反复讨论。

在革这个心理情感能量场中，焦虑、不安、忧愁、希望、失望、愤世嫉俗等心理情感能量同时存在，如何塑造"理想的"主导性心理情感能量是一个战略性问题。

从企业战略角度来看，井卦论述的是企业产品、服务的改进、提升与放弃，革卦论述的则是企业制度的变革。

企业发展到"飞龙在天"的阶段，许多过去使企业走向成功的制度规范已经过时。任何制度规范的产生与发展都会创造一个或多个利益集团，因此，企业想改革或修正过时的制度规范会受到重重阻碍。但是，不改革或修正旧的制度规范，企业就无法适应新形势，无法获得新的发展动力，就会被困于已经过时的制度规范而无法行动。为解决这个问题，企业必须"闭门反思"，花较长的时间对企业的制度规范进行梳理，对有效的制度进行完善，对无效的制度进行废除。革卦论述了企业制度变革的时机、原则、方法及应注意的问题。

[2] 巳日：巳，巳时。巳时在中国计时排位上，排在天干"甲、乙、丙、丁、戊、巳、庚、辛、壬、癸"的第六位；若按太阳上午、中午、下午的计时看，巳时当值日过中午偏西下斜之势。巳日，泛指事物极盛转衰之时。此处指变革的时机成熟。事物极盛转衰之时便是变革的最佳时机，错过这个最佳时机，变革无效，暴力革命将取代和平变革。

[3] 大人虎变：大人，有大德、有高位、有实权之人。虎变，像猛虎一样雷厉风行地进行改革。

[4] 君子豹变：君子，此处指组织的最高领导者（企业的董事长）。豹变，泛指突然改变，此处指突然进行变革。

[5] 小人革面：小人，一般的民众。革面，改变面部表情，指表面应付。

（三）现代诠释与重构

卦辞：革，即变革，改革。变革需要等待时机。时机成熟进行变革才能取得人们的信任。得到人们的信任，可以为变革提供原动力，企业会亨通顺利，有利于企业长期生存与发展，变革所带来的悔、恨、怨自然会消失。

初九：变革必须等待合适的时机，时机未到，绝对不能轻言变革。在变革旧的制度规范与程序、确立新的制度规范与程序之前，企业原有的制度规范与程序必须得到严格的执行，就如用黄牛皮将人牢牢捆住一样，否则，企业就会大乱。

六二：时机成熟便立即进行变革，改革旧的制度规范与程序、确立新的制度规范与程序。改革完成后，企业推行扩张型战略，吉祥，如此没有过错。

九三：在进行改革期间，企业不宜奉行扩张型战略，否则，有凶险；如果将已经发起的扩张型战略坚持下去，则十分艰难。改革方案需要反复讨论，反复征求各方意见与建议，让企业成员参与其中，如此，就会获得企业成员的信任，获得企业成员的心理承诺与行为承诺，为改革营造"理想的"心理情感能量场。在这个场中，信任与希望取得支配性地位。

九四：由于改革时机与改革措施得当，改革取得了阶段性成就，企业成员普遍得到了实际的利益，改革初期产生的悔、恨、怨消失了，企业成员对继续改革有了信任与信心，企业心理情感能量场达到高度统一，变革得以继续进行，企业的命运因此得到改变，吉祥。

九五：改革不仅需要适当的时机与正确的措施，还需要有大德、有高位、有实权的领导者。由这样的领导者来领导变革，雷厉风行地推行变革，不需要进行占卜，不需要借助神灵的力量，就能获得企业成员的信任。

上六：企业最高领导者突然推行改革，没有调查研究，没有征求企业成员的意见，得不到众多企业管理者与一般成员真心实意的支持，他们只是迫于形势，表面应付。这种现象说明改革很难取得真正的成功。在这种情况下，企业不宜推行扩张型战略，否则，有凶险。在这种情况下，企业要推行稳定型战略，坚守正道，解决企业内部人心不服的问题，塑造"理想的"企业心理情感能量场，使企业成员不仅革面，还要洗心。坚持下去，吉祥。

四、鼎（䷱）

（一）卦的原文

卦辞：鼎[1]，元吉，亨。
初六：鼎颠趾[2]，利出否[3]，得妾以其子[4]，无咎。
九二：鼎有实[5]，我仇有疾[6]，不我能即[7]，吉。
九三：鼎耳[8]革，其行塞，雉膏不食[9]；方雨[10]亏悔，终吉。
九四：鼎折足[11]，覆公餗[12]，其形渥，凶。
六五：鼎黄耳金铉[13]，利贞。
上九：鼎玉铉[14]，大吉，无不利！

（二）关键字、词解释

[1] 鼎（dǐng），卦名，《易经》六十四卦之第五十卦，主卦是巽卦，卦象是风；客卦是离卦，卦象是火。

鼎，即组织结构变革与创新。革物莫如鼎，即革物莫如组织。组织的作用比鼎的作用更多、能力更强。在企业发展的不同阶段，需要不同的组织结构；不同的战略也需要不同的组织结构。鼎卦论述的就是企业组织结构变革的原则、方法、过程及应注意的问题。

[2] 鼎颠趾：握住鼎的足，把鼎翻过来。意指对组织结构进行变革。

[3] 利出否：利于倒出鼎中原有腐败的物质。意指组织结构变革有利于清除组织中不良人员及其他过时或有害的事物。

[4] 得妾以其子：喻指在组织中安置新的人员。

[5] 鼎有实：喻指组织得到重新充实。

[6] 我仇有疾：仇，敌人、竞争者、反对者。疾，古通嫉，即嫉妒、仇恨。

[7] 不我能即：不能把我怎么样。

[8] 鼎耳：鼎耳，其作用在于方便将鼎从一个地方移动到另外一个地方。此处喻指企业的决策机构。

[9] 雉膏不食：雉（zhì）膏，喻指良才。不食，不能启用。

[10] 雨：遇，机遇，时机。

[11] 鼎折足：鼎的足被折断了。喻指对企业支撑性机构进行变革。

[12] 覆公𫗧：公，权势人物。𫗧（sù 诉），食物，泛指利益。覆公𫗧，损害了权势人物的利益。

[13] 鼎黄耳金铉：黄耳，铜制成的鼎耳。金铉，铉（xuàn 旋），举鼎的器具，状如钩，有木制，有铜制。使用时，以之提鼎两耳。金铉，即为铜制的举鼎器。耳喻为企业的决策机构，铉则喻为决策机构的领导者。

[14] 玉铉：用美玉装饰铜制的铉。玉为美德，为阴、为顺、为柔。

（三）现代诠释与重构

卦辞：鼎，组织结构变革与创新。企业发展到"飞龙在天"阶段，达到了"阶段性极限"，陷入了各种各样的困境。为了摆脱困境，企业需要进行产品与服务的革新（井道）、企业制度规范与程序的改革（革道），更为重要的是要进行组织结构变革与创新（鼎道）。组织结构是产品、服务、制度规范、程序、人力资源等的载体，通过这一载体，产品、服务、制度规范、程序、人力资源等才能转换成巨大的能量。因此，在必要时进行组织结构变革，能为企业提供原动力，非常吉祥，企业会因此亨通顺利。

初六：企业进行组织结构变革，有利于清理各种不利于企业发展的制度规范、程序、人员，有利于建立新的制度规范与程序，有利于将拥护变革的、有才华的、有德行的人员安排到关键的岗位。这样做没有错。

九二：通过组织结构变革，组织内各个层级的人员得以更新、充实，新的制度规范与程序有效运行，竞争对手与反对者即使十分嫉恨，也无可奈何。吉祥。

九三：对企业的决策机构进行变革，困难重重，行动艰难，好的人才无法得到起用。时机一到，起用新人，取得成就，由改革决策机构所产生的悔、恨、怨会消失，终获吉祥。

九四：对企业支撑性机构（职能部门）进行变革，企业中权势人物的利益受到严重的损失，形势动荡、局面混乱，十分凶险。历史与现实证明，在组织结构变革的过程中，如何安抚、稳定企业中的权势人物，是一个具有战略意义的课程，关系到组织结构变革的成败。

六五：企业决策机构变革完成，面目一新。在企业决策机构中安置强而有力的领导人物，有利于组织结构变革的推行与完成，有利于企业长期的生存与发展。

上九：企业决策机构的领导者强而有力、道德高尚、心宽志坚、刚柔相济，大吉，企业将无往而不利。

五、震（☳☳）

（一）卦的原文

卦辞：震[1]，亨。震来虩虩[2]，笑言哑哑[3]；震惊百里，不丧匕鬯[4]。
初九：震来虩虩，后笑言哑哑，吉。
六二：震来厉，亿丧贝[5]，跻于九陵[6]，勿逐，七日得。
六三：震苏苏[7]，震行无眚[8]。
九四：震遂泥。
六五：震往来，厉；亿[9]无丧，有事[10]。
上六：震索索[11]，视矍矍[12]，征凶。震不于其躬，于其邻，无咎，婚媾有言。

（二）关键字、词解释

[1] 震（zhèn）：卦名，《易经》六十四卦之第五十一卦，主卦和客卦都是震，卦象为雷。

井，企业产品与服务的改进与创新；革，企业制度规范与程序的改革与创新；鼎，企业组织结构的改革与创新。这三者紧密相连，任何一个方面的变化都会引起其他两方面不同程度的变化，产生不同程度的震动。震卦陈述了由井、革、鼎战略所产生的震动状态，提出了应对的策略、原则及应注意的问题。

[2] 虩虩（xì xì）：虩，恐怖、恐惧、担心、惧怕。虩虩，非常恐惧的样子。

[3] 哑哑（yā yā）：象声词，形容笑声。

[4] 匕鬯：匕（bǐ），古代指勺、匙之类的取食用具。鬯（chàng），古代祭祀用的酒，用郁金草酿黑黍而成。匕鬯，泛指饮食用具。

[5] 亿丧贝：贝（bèi），泛指财富。亿，泛指多。亿丧贝，财富损失严重。

[6] 跻于九陵：跻，迁。九陵，泛指远。跻于九陵，泛指失去原来的地位、权力与名望。

[7] 苏苏：苏（sū），昏迷中醒过来，苏醒。苏苏，很清醒。

[8] 眚（shěng）：灾祸。天灾为灾，人祸为眚。

[9] 亿：豫，预测，计划，规划。
[10] 有事：祭祀，即掌控大局。
[11] 索索：恐惧貌，颤抖貌。
[12] 视矍矍（jué）：矍，惊慌地。视矍矍，惊惧四顾貌。

(三) 现代诠释与重构

卦辞：震，震动。企业的产品改良与创新战略（井道）、制度规范与程序的改革与创新战略（革道）、组织结构的改革与创新战略（鼎道），导致对权力、利益、名望、地位、责任与义务进行重新分割与分配，给整个企业带来震动。同时，也会给企业注入原动力，使企业亨通顺利。由于害怕在震动中丧失自己已有的权力、利益、名望、地位，所以，震动发生时，企业成员恐惧、不安、焦虑，整个企业心理情感能量场弥漫了此类能量。但震动之后，他们得到了更多实际的利益，于是欢笑庆祝，恐惧、不安、焦虑等心理情感能量被边缘化。作为企业的领导者，针对井、革、鼎战略所产生的巨大震动，应早做准备，处之泰然，应对自如，做到"震惊百里，不丧匕鬯"。这是领导者处震之道的基本原则。

初九：由于害怕自己在井、革、鼎战略所产生的震动中丧失自己已有的权力、利益、名望、地位，所以，震动发生时，企业成员恐惧、不安、焦虑。但震动之后，他们得到了更多的实际利益，于是欢笑庆祝。如此吉祥。如果，井、革、鼎战略所产生的震动不能给企业成员带来更多的实际利益，井、革、鼎战略便失去了意义。更有甚者，企业会在井、革、鼎战略实施的过程中走向灭亡。

六二：井、革、鼎战略所产生的震动十分猛烈，企业中一部分成员（基层管理者）的经济利益、权力、地位、名望会遭受严重的损失。对此，相关人员不用担心，不要试图追回失去的东西，企业的井、革、鼎战略成功之后，失去的经济利益、权力、地位、名望会重新回来。

六三：有些企业成员（中上层）在井、革、鼎战略所产生的震动中苏醒，头脑变得十分清醒，摆脱了过时的思想观念与行为模式，接受有效的、有益的思想观念与行为模式，配合企业的井、革、鼎战略，在震动的过程中没有遭受人为的灾害（人祸）。

九四：企业有些成员（高层）在井、革、鼎战略所产生的震动中坠入泥潭而无法自拔，或者消失在泥潭之中。这是变革震动现象的一部分。

六五：井、革、鼎战略所产生的震动反反复复，十分猛烈。作为企业的最高管理者坚守正道,提前预测,权衡利弊得失,仔细规划,就能处之泰然,掌控大局,做到"震惊百里,不(无)丧匕鬯"。

上六:井、革、鼎战略所产生的震动使企业成员(最高决策层)瑟瑟发抖、惊恐四顾、无所适从。在此种情景下推行扩张战略,十分凶险。井、革、鼎战略所产生的震动对企业自身没有不良影响,对企业的利益相关者产生了不良影响,这种情况,企业没有过错。企业利用井、革、鼎战略的震动对利益相关者产生的不良影响,主动提出联盟、并购、合作等,会被说成乘人之危、用心不良。

六、艮(䷳)

(一)卦的原文

卦辞:艮[1]。艮其背,不获其身;行其庭,不见其人,无咎。
初六:艮其趾,无咎,利永贞。
六二:艮其腓,不拯其随,其心不快。
九三:艮其限[2],列其夤[3],厉薰心。
六四:艮其身,无咎。
六五:艮其辅[4],言有序,悔亡。
上九:敦艮,吉。

(二)关键字、词解释

[1] 艮(gèn):卦名,《易经》六十四卦之第五十一卦,主卦和客卦都是艮卦,卦象是山,卦意为止。

艮卦,井、革、鼎之道。艮,止。井、革、鼎有所止,则吉。井、革、鼎必须把握好时机与分寸,当止则止;知道什么必须井、革、鼎,什么可以井、革、鼎,什么不能井、革、鼎。不正确的井、革、鼎方案与行为必须立即停止。正确的井、革、鼎方案与行为则不能半途而废。企业的决策应该既尊重客观规律,同时充分发挥主观能动性,将原则性和灵活性高度统一起来,做到当行则行、当止则止。艮卦,具有普遍的意义。

[2] 限(xiàn):人身体的腰部。
[3] 夤(yín):通"䘐",夹脊肉。
[4] 辅(fǔ):人的颊骨,此处指人的面部表情。

（三）现代诠释与重构

卦辞：艮，止，停止，凡事当行则行，当止则止。一个人静静地站在山顶，永远看不见山的全貌；不断地行走在山中，也永远看不见山的本身。这是山的庞大与复杂性所决定的，对于相关的人来说，出现这种情况没有过错。不仅仅山是如此，所有的事物都是如此。这告诉我们一个道理：不可自大，不可自以为是，不可刚愎自用；要常怀敬畏、谨慎之心，万事小心，不可冒进，当进则进，当止则止。企业的井、革、鼎战略亦不能例外。

初六：企业的井、革、鼎战略是一个复杂的系统工程，影响深远，关系到企业的生死存亡，对此，企业要怀敬畏、谨慎之心，万事小心，不可冒进，当进则进，当止则止。井、革、鼎战略一开始出现了错误，就要立即停下来，认真反思与谋划，调整相关的目标、政策与行动规划，如此没有过错，有利于将井、革、鼎战略长期坚持下去，有利于企业长期的生存与发展。

六二：企业的井、革、鼎战略进展到了第二个阶段，出现了错误，需要立即停下来，认真反思与谋划，调整相关的目标、政策与行动规划。但如果相关人员（他们投入了大量的时间、精力、智慧与情感）得不到安抚与安置，就得不到他们的理解、支持与配合，他们内心会很纠结、很痛苦、很不安、很愤怒，企业心理情感能量场就会出现分裂。

九三：企业的井、革、鼎战略进展到了一半，出现了错误，需要立即停下来，认真反思与谋划，调整相关的目标、政策与行动规划。企业已经投入了大量的人力、物力、财力、时间、精力与情感，此时停下来，企业成员会十分痛苦，犹如撕裂了夹脊肉，疼痛得如烈火烧心。但如果不停下来反思与调整，企业将遭受更大的损失，更有甚者，企业会因此灭亡。

六四：企业的井、革、鼎战略已经完成，停下来总结成功的经验与失误的教训，为下一轮的井、革、鼎战略提供动力，如此，没有过错。

六五：作为企业的最高实际领导者，在推行井、革、鼎战略的过程中，要常怀敬畏、谨慎之心，万事小心翼翼、如履薄冰。要管理好自己的情绪与表情，培养并提高自己的情绪智力；更要管住自己的嘴巴，该说的才说，不该说的千万不要说，要明白"领导动动嘴，下属跑断腿"的严重危害，要充分理解"一言兴邦，一言亡邦"的道理。如此，推行井、革、鼎战略过程中可能产生的悔、怨、恨就会消失。

上九：企业在推行井、革、鼎战略的过程中，坚守当行则行、当止则止的原则不动摇，领导者严管自己的情绪与嘴巴，诚实守信，吉祥。

七、渐（䷴）

（一）卦的原文

卦辞：渐[1]，女归[2]吉，利贞。
初六：鸿[3]渐于干[4]，小子厉，有言，无咎。
六二：鸿渐于磐[5]，饮食衎衎[6]，吉。
九三：鸿渐于陆。夫征不复，妇孕不育，凶，利御寇。
六四：鸿渐于木，或得其桷[7]，无咎。
九五：鸿渐于陵，妇三岁不孕，终莫之胜，吉。
上九：鸿渐于逵，其羽可用为仪，吉。

（二）关键字、词解释

[1] 渐（jiàn）：卦名，《易经》六十四卦之第五十三卦，主卦是艮卦，卦象是山，卦意是止、静；客卦是巽卦，卦象是风，卦意是顺从、渗透。

渐卦，井、革、鼎之道。企业推行井、革、鼎战略，需要有雷霆之势，但雷霆之势不可久，当止则止；亦须遵守循序渐进之道。企业必须从战略与策略角度对井、革、鼎战略的内容进行轻、重、缓、急、难、易、先、后分类，循序渐进，稳步推进，否则，大凶。

[2] 女归：古代女子出嫁曰"归"。女归，谓女子出嫁。古代女子出嫁必须遵循一套程序，一步一步来。

[3] 鸿（hóng）：大雁，鸿雁。在此，鸿可以指代类似的事或物。本卦借鸿雁的活动规律陈述循序渐进之道。

[4] 干：古指涯边、水边，亦通"澗"。

[5] 磐（pán）：厚而大的石头。

[6] 衎衎（kàn kàn）：和乐貌。

[7] 桷（jué）：古本指正方形的椽子，此引申为平直如桷的树杈，喻指企业在某方面成绩突出、站稳脚跟。

（三）现代诠释与重构

卦辞：渐，循序渐进。女子出嫁遵循必要的礼仪规范，一步一步来，循序渐进，不唐突、不冒进，吉祥，有利于婚姻长久地维持下去。这是事物发展的普遍规律，企业的井、革、鼎战略亦不能例外。

初六：企业刚刚推行井、革、鼎战略，会遭到无知者与短视者强烈的反对，会有各种不同的意见，但只要遵循渐进之道，就没有过错。

六二：企业推行井、革、鼎战略，逐步打开缺口，找到切入点，建立了强大而坚实的据点，取得初步成果，企业全体成员快乐地分享成果，吉祥。一般来说，人们只有见到收益之后才会采取进一步的行动。也就是说，改革的继续进行需要有改革的成果作为支撑与动力。

九三：企业继续稳步推进井、革、鼎战略。在这个过程中，有些人决策失误，偏离了正道，给企业带来了重大的损失，失去了工作与岗位；有些人利用企业的井、革、鼎战略，贪污受贿、中饱私囊，这两种情况对企业来说都很凶险。在这种局势下，企业需要暂时停下来进行反思与整顿，如此，有利于抵御破坏井、革、鼎战略的心理与行为，有利于井、革、鼎战略的稳步推进。

六四：企业继续稳步推进井、革、鼎战略，成果不断扩大，在某方面取得突出成果，如此，没有过错。

九五：企业的井、革、鼎战略稳步推进，取得成功。在这个过程中，企业的最高领导者防微杜渐，坚守正道，一心为公，乐于奉献，战胜邪念，力拒各种诱惑，吉祥。

上九：企业的井、革、鼎战略取得成功后，暂时停下来，对战略的实施过程进行分析与总结，提炼出失误的教训与成功的经验，为企业后续的战略提供参考与启示；将有重大贡献的人员树为榜样，将贪腐人员与不合常理的失败者列为反面教材。如此，吉祥。这是至关重要的事后控制战略。

本节案例

国际商用机器公司的困、井、革、鼎

多年来，IBM称霸于世界大型计算机产业及其相关市场，主宰着国际信息时代的步伐。由于IBM公司习惯以蓝色作为其商标的主色，因此，这个电脑霸主被称为"蓝色巨人"。

然而，20世纪90年代初期，"蓝色巨人"IBM公司却日薄西山，一切的辉煌已成为过去，它不再能够居高临下，对手们对它也不再用另眼相待的目光去注视。1991年，IBM公司亏损28.3亿美元，1992年亏损47.5亿美元，在美国由第二亏损大户上升为首位，创下了当时美国企业亏损额的最高纪录。

造成这种情况的原因有三个。

（1）在IBM发展初期，销售人员占有非常重要的地位。但是，随着公司规模的日益扩大，公司组织也越来越臃肿，忙于争权夺利的管理者不再像创始人那样重视销售人员；与此同时，公司内部衍生出一种慵懒、自以为是的作风。

（2）由于IBM已经在业界成功地树立起自己大公司的形象，公司大部分成员越来越疏离顾客，变得傲慢无礼，不再为顾客着想。

（3）公司一向以自己"蓝色巨人"的地位为荣，不屑于与其他人合作，更不愿反思他们实际已经过时的经营方式。

1993年4月1日，美国最大的RJR食品烟草公司总裁路·郭士纳接过IBM权力之柄，担任董事长兼CEO。IBM公司的董事会并不奢望他能将公司恢复到20世纪90年代以前的辉煌中去，但要求他能止住公司下滑之势。郭士纳的目标显然并不这么简单，他既然已经接手这一颇具挑战性的任务，就要将改革进行到底，不仅仅是挽救，还要重塑这一家众所公认的伟大的公司。之后，郭士纳采取的一系列企业再造措施，令IBM的人都目瞪口呆。他打破了该公司包括经营、管理甚至文化价值等方面的传统，将公司翻了个底，大大地改变了其原有的面貌。

企业再造一：精兵简政，降低成本

在IBM的头两年里，郭士纳拼命避免IBM翻船，他的重要工作之一就是通过精兵简政降低成本，同时提高工作效率。

郭士纳采取的第一个措施是重点调整销售队伍。他把位于麦迪逊大道塔楼上的办公室也卖掉了，700名雇员由塔楼搬迁到坐落在新泽西州克兰福特的一个仓库里。这个仓库原先属于环球瓦楞纸盒机械公司。这里的条件极其简陋，没有单间办公室。在约1万平方米的面积里，只有一片办公桌的海洋，400张桌子分布在一个个角落里，这可不是像从前的单间办公室显得气派的红木办公桌，而只是普通的金属制品。像其他家具一样，它们只是从其他IBM点上运来的，权当废物利用。仅搬到克兰福特这一项，房产开支就省掉了一半。

终于，IBM销售队伍那种重叠的管理机构不见了；IBM在全世界的销售人员从最高峰1990年的15万名减少至7万名左右，并且还要继续精简。大多数继续留任的推销员，被要求用新办法去推销——主要是在推销IBM和非IBM的技术中，为了化解商业上的难题，还要充当经验丰富的顾问角色。随着硬件和软件的销售差额的缩小，IBM公司不能总是派推销员外出推销产品，这花费不起。

越来越多"蓝色巨人"的产品将通过经销商,即那些使产品增值的转卖商,或是邮购方式售出。

第二个调整的内容是广泛深入的业务重组。一般情况下,大部分公司会同时进行一到两个大的业务重组计划。但是IBM并非小修小补。任何时候,全公司范围的项目都会有超过60个同时在实施,而分公司或部门级别的重组则有成百上千个。

这是一次彻头彻尾的重组,就连该公司内部的信息基础也不例外,因为郭士纳准备拥有统一的覆盖全球的信息库,以及统一的营销系统、财务系统、合同执行系统、制造系统和客户服务系统,集中的数据中心,从而防止过度和重复开支。

企业再造二:客户永远是最重要的

郭士纳初入IBM公司,就明显地感觉到公司对客户的重视程度不够,他发誓要改变这一切——IBM一定要把目光集中在客户身上。

郭士纳是与客户沟通的高手,也曾经是IBM的客户。因此,他能够完全了解IBM的客户的需求。为了围绕客户需求开展经营,郭士纳身先士卒,把每年40%的工作时间用在顾客需求的调研上。仅1997年一年,他就乘坐专机180余次,行程30余万公里,足迹遍布全球各个主要市场。在调研的基础上,郭士纳又格外强调满足客户需求的速度和成效。他随时将掌握的情况用电子邮件通知有关部门,要求尽量予以解决。

除了自己常常去拜访客户外,郭士纳还逼着直接向他报告的资深副总裁们去拜访客户。在每两个星期就召开一次的总裁会议上,郭士纳总是问那些资深副总裁:"你过去两个星期拜访过哪些客户?听到过什么事情?客户告诉你什么?"郭士纳对IBM全球350个高级的主管说:"对全球500家大客户,你们要成为其中至少一个客户的伙伴,这并不是因为你的工作,而是因为你在IBM,与客户建立长期的关系,并定期地去拜访客户最高的主管,并给销售队伍一些指导,帮助他们。"

为了从体制上保证对顾客的重视,郭士纳一改传统的地区性营销组织模式,按金融、教育、商业等行业组建12个行业性营销单位,每个单位都是由来自财务、研究、制造、销售等部门人员组成的跨部门团队。这不仅有利于增强营销部门的专业知识,而且可以及时掌握客户的需求,扩大专业服务的范围,从根本上改变营销部门单纯推销产品的性质。营销组织的转型发挥了奇效。目前,IBM公司同全球5000多个大客户保持密切的业务往来。

最终,郭士纳重建了与IBM大客户的关系,使IBM重新赢得了客户。同时，也为他后来的服务战略奠定了基础。

企业再造三：充实软件开发与营销能力

郭士纳希望IBM更具竞争力和战斗力。他认为达到这个目标的最好方法之一，就是并购其他公司，并获取它们产品的所有权。

在IBM的历史上从来没有过兼并其他企业的做法，但他决定通过收购来加强软件业务的优势。

1995年6月5日星期一，郭士纳拨通了吉姆·曼慈（Jim Manzi）的电话号码。曼慈是Lotus开发公司的首席执行官，这家公司是IBM新的OS/2电脑操作系统应用软件的主要开发商。郭士纳通知他，再过5分钟，IBM就要宣布以33亿美元收购曼慈的公司。他希望Lotus的首席执行官予以合作。如果不合作的话，IBM就准备进行一次强行兼并。

郭士纳决定收购Lotus是因为IBM的一个主要对手微软公司，正要推出一个叫作Exchange的软件。微软的这个产品与Lotus Notes相似，而Lotus Notes正是Lotus公司最盈利的产品。IBM如能控制Lotus，那么它就能获取好几种流行的软件程序，可以在它的操作系统上运行。这些程序包括Lotus Notes和Lotus1-2-3电子表格程序。

收购Lotus的这次交易将给IBM和Lotus最后一个机会，以防止微软公司像它曾垄断过台式个人电脑业一样垄断网络计算业。Lotus有段时间曾希望在新的网络计算业获得立足之地，但它缺乏组织和资源来在这个环境中推广Notes。IBM给Lotus提供了组织和资源，使之能在现行销售水平上大大提高Notes的销售量。Lotus获益于IBM的雄厚资本和分销渠道的影响，愉快地看到自己的客户数量从1995年的200万令人吃惊地猛增到1998年的2200万。

郭士纳受到兼并Lotus公司成功的鼓舞，又把眼光瞄准了其他公司，因为这些公司有他需要的产品。

企业再造四：大打服务牌

郭士纳确信，IBM新崛起的服务部门前景大好。因为，IBM的硬件产品和其他公司逐一比较并不过硬，IBM在产品上赢不了，而只有将硬件、软件和服务业结合在一起，为客户提供解决方案才是取胜之道。于是，郭士纳将IBM的业务重点从硬件上转移开来，使IBM转变为一个服务性的公司。

IBM的技术深度和技术天才为解决方案的方式提供了坚强后援。IBM将服务战略引入了它的实验室，实验室通过与顾客协作，探求技术如何改进。技术发展的循环越快，IBM就越能显示它的竞争优势。客户们反馈回IBM说，经过公司重组后，系统配置实际上才是价值所在。到了1996年底，IBM的服务业已经成长为收入达到158.7亿美元的业务,虽然服务业在IBM 759.4亿美元的总收入中还未达到21%,但是在1996年最后一个季度,IBM计算机服务业赢得了它想赢得的五笔交易中的四笔,赚取了可观的110亿美元。1997年,服务业收入达到了193亿美元。1998年则比1997年增长了21.4%,收入为234亿美元。

［案例来源:张文昌、曲英艳、庄玉梅主编《现代管理学》(案例卷),山东人民出版社2004年版,第170－174页。作者对内容进行了删减。］

第二节　走向鼎盛

一、归妹（☱☳）

（一）卦的原文

卦辞：归妹[1]，征凶，无攸利。
初九：归妹以娣[2]，跛能履[3]，征吉。
九二：眇能视[4]，利幽人[5]之贞。
六三：归妹以须[6]，反归以娣。
九四：归妹愆期，迟归有时。
六五：帝乙归妹[7]，其君之袂不如其娣之袂良[8]；月几望，吉。
上六：女承筐，无实；士刲[9]羊，无血。无攸利。

（二）关键字、词解释

[1] 归妹（guī mèi）：卦名，《易经》六十四卦之第五十四卦，主卦是兑卦，卦象是河泽，特性是愉快；客卦是震卦，卦象是雷，特性是运动。

归妹，联姻，联盟。孙子说："上兵伐谋，其次伐交，其次伐兵，其下攻城。"

所谓"伐谋"中的谋，并非阴谋、计谋，而是"谋大势"的谋，即确立正确的价值观、建立正确的制度规范、构建合适的组织结构、吸引大批的各类人才，从而构建起"理想的"心理情感能量场。企业之间、地区之间、国家之间的较量，归根到底就是心理情感能量场之间的较量。欲"谋大势"，必"体大道"。"大道"有三：人类历史发展的规律与趋势、仁、中庸。

所谓的"伐交"，就是组建自己的联盟，破坏敌人的联盟，"把自己的朋友搞得多多的，把敌人的朋友搞得少少的"。在这个过程中，千万不能将竞争者视为敌人。竞争者可以有许多，敌人必须是极少数。

联盟是企业达到鼎盛状态至关重要的战略。联盟可以重构企业的价值链以降低成本、提高效率与效益；联盟可以重构、优化企业的心理情感能量场，增强企业心理情感能量场的吸引力、感召力、渗透力与扩张力。企业与全球利益相关者联盟,关注、满足利益相关者的合理诉求。归妹卦讲的是联盟的目的、原则、方法及必须注意的问题,即联盟之道。企业在生命周期的不同阶段都存在联盟行为,只是形式、内涵、作用各有所不同而已。

[2] 归妹以娣:归(guī),古代女子出嫁谓之归。娣(dì),古代称夫之妾为娣。喻指在联盟中成了配角。

[3] 跛能履:跛,一条腿有问题,不能正常走路,喻指能力不足。能履,喻指能承担相应的责任与义务。

[4] 眇能视:眇(miǎo),眯着一只眼睛看。亦指一只眼睛出了问题,只能用另一只眼睛看。视,审视,审察,考察。眇能视,喻指能仔细审视。

[5] 幽人(yōu rén):本指被囚禁的犯人,喻指被盟约约束的个人或组织。

[6] 须:与娣相对,娣喻为配角,须喻为主角。

[7] 帝乙归妹:帝乙,商朝第30代国王,在位时期为公元前1101年至公元前1076年,殷商倒数第二个君王,即商纣王的父亲。帝乙归妹,喻指联盟者地位高贵、实力强大。

[8] 其君之袂不如其娣之袂良:袂:服装、服饰。本句的意思是主角的服饰不如配角的服饰华丽,暗示主角德行高尚。

[9] 刲(kuī):宰,杀。

(三)现代诠释与重构

卦辞:归妹,企业之间联盟。对自己的联盟者进行商战,或损害联盟者的利益以达到自己的目标,十分凶险,没有任何好处。不损害联盟者的利益(特别是关键的、核心的利益)是联盟最核心的原则。

初九:一个企业在与其他企业联盟时成了配角,虽然能力有所不足,但能够坚守盟约,诚实守信,承担相应的责任与义务,如此,联合起来干大事,吉祥。企业之间联盟最为重要的是诚信守约。一个企业一旦决定要组建一个战略联盟,其首要的事情就是要考虑如何选择合适的合作伙伴。一般而言,选择合作伙伴的标准可以概括为3C原则,即兼容性(compatibility)、能力(capabibty)和投入(commitment)。其中,投入的核心就是诚信守约、承担责任与义务。

九二:一个企业在与其他企业进行联盟时,一定要对对方进行详细、深入的考察,确认对方值得信赖。如此,有利于自己坚守正道,避免步入歧途,避免被联盟者坑害，有利于将联盟长期维持下去。战略联盟成员之间要建立良好的合作关系，就必须建立起基本的相互尊重、相互信任的关系，否则，联盟肯定失败。创造信任需要五大要素：交流、减少交往对象的数量、公平、保持长期关系、灵活性与非正式性。但是，信任也有两个相互独立的方面：一方面，信任可能是对能力的信任，即合作各方确认其他方有能力完成其在战略联盟中的职责；另一方面，信任也表现在合作伙伴之间相互信任对方的动机、价值观以及行为模式等。这两者缺一不可。因此，对潜在的联盟者进行详细、深入的考察就显得十分重要。

六三：一个企业在与其他企业联盟时，本想成为主角，结果成了配角。此时，企业需要调整心态，积极面对，诚实守约，联盟才能发挥作用，自己才能从中受益。而且，配角与主角在不同的情景下会互相转换。一个企业或个人不能指望在任何情景下都是主角。

九四：因为各种复杂的原因，一个企业与其他企业的联盟没有如期达成，但只要双方（或相关方）心怀诚意，共同努力，照顾彼此的利益关系，互相包容与忍让，达成联盟是迟早的事。

六五：在企业联盟的过程中，主角地位高贵、实力强大，但谦虚、忍让、大度、内敛，顾大局、识大体，其品德与行为如接近圆满的明月，吉祥。

上六：企业之间进行联盟，配角虚而不实，主角行而无果，双方只是装装样子、走走形式。如此，联盟发挥不了任何作用，对双方（相关方）没有任何好处。

二、丰（䷶）

（一）卦的原文

卦辞：丰[1]，亨，王假之，勿忧，宜日中。

初九：遇其配主，虽旬无咎，往有尚。

六二：丰其蔀[2]，日中见斗，往得疑疾，有孚发若，吉。

九三：丰其沛[3]，日中见沬[4]，折其右肱，无咎。

九四：丰其蔀，日中见斗，遇其夷主，吉。

六五：来章[5]，有庆誉，吉。

上六：丰其屋，蔀其家，窥其户，阒[6]其无人，三岁不觌，凶。

（二）关键字、词解释

[1] 丰（fēng）：卦名，《易经》六十四卦之第五十五卦，主卦是离卦，卦象是火、日；客卦是震卦，卦象是雷。

丰，大成、大盛、鼎盛。企业经井、革、鼎、震、艮、渐、归妹而至于丰。企业由屯至于丰，曲折复杂，跌宕起伏，波澜壮阔。丰之后，企业进入亢龙有悔（此处的悔意为警、惕、敬、让）的状态。丰卦论述的是企业在丰大的过程中所产生的结构性问题。这些结构性的问题如果得不到解决，企业很快就会由盛大转向衰败，龙坠于地。

[2] 丰其蔀（bù）：蔀，覆盖于棚架上以遮蔽阳光的草席，喻指企业中某个部门。丰其蔀，用以遮蔽阳光的草席变得太大，喻指企业中的某个部门变得太强大。

[3] 丰其沛：沛，用以遮蔽阳光幡幔，喻指企业中的某个部门。丰其沛，用以遮蔽阳光幡幔变得太大，喻指企业中的某个部门变得太强大。

[4] 沬：小星星。

[5] 章：章美之才。

[6] 阒（qù）：形容寂静。

（三）现代诠释与重构

卦辞：发展到丰卦阶段，企业达到鼎盛，丰大、强盛，亨通、顺利。只有王者才能使企业达到这种状态。企业达到鼎盛状态，虽然无须忧虑生存与发展的问题，但应（必须）从"日达中天"（如日中天）的现象明白许多规律与道理，保持清醒的头脑，深刻认识企业丰大、强盛所带来的一系列问题，寻找对策，积极行动，解决问题。这些问题是企业由盛转衰的种子。

初九：企业达到丰大、强盛、鼎盛的状态，企业内部成员经过长期的互相学习、互相模仿、互相忍让，已经高度同质化，企业出现智慧与灵感不足，需要引进异质的人才，以便给企业带来新观念、新思想、新的行为模式，激起企业心理情感能量场的波动。如果一个人才遇到了有这种需要的企业领导者，虽然相识时间短也不会有什么问题，加入企业便会得到信任与重用。

六二：在企业丰大、强盛的过程中，X部门由于其特殊的地位与贡献，变得丰大、强盛，其最高领导者权势熏天，部门黑暗得如日全食一样，日在中天亦可见到北斗星。在这种情况下，一个或一些人才前往加入该部门，可能会受到一定程度的怀疑。如果得到了该部门最高领导者的充分信任并委以重任，吉祥。

九三：在企业丰大、强盛的过程中，Y 部门由于其特殊的地位与贡献，变得丰大、强盛，其领导者变得极有权势，一手遮天，部门黑暗得如日全食一样，日在中天亦可见到点点繁星。在这种情况下，至关重要的人才因各种原因而从企业中出走，这样做情有可原，不是出走人员的过错。

九四：在企业丰大、强盛的过程中，Z 部门由于其特殊的地位与贡献，变得丰大、强盛，其最高领导者权势熏天，部门黑暗得如日全食一样，日在中天亦可见到北斗星。在这种情况下，部门最高领导者遇到一位敢于提不同意见的人才，对其充分信任并委以重任，该部门的政治生态与心理情感能量场将得到改善，吉祥。

六五：在企业丰大、强盛的过程中，不断地招贤纳士并予以重用，让他们取得成绩并获得荣誉，稀释原有强势人物的权势，在总体与总趋势上维持企业内部权力平衡；通过起用新人，不断地取得新成就、获得社会的新赞誉，吉祥。在这个过程中，一定要防止原有的强势人物利用各种手段与影响培植自己的势力。否则，凶险。

上六：企业丰大、强盛，达到鼎盛，企业组织结构变得复杂而庞大，各种"大企业病"日益严重；企业最高领导者一手遮天、任人唯亲、刚愎自用，企业内部出现严重的集体催眠与集体弱智；优秀的异质人才无法进入，权力、利益固化，有用的优秀人才不断出走；企业寂静得如无一人，死水一潭；企业陷入长期自我封闭、自我陶醉的状态而无法自拔。情况十分凶险。

本节案例

正确的联盟战略成就了比亚迪

能源短缺、二氧化碳排放、环境污染，比亚迪总裁王传福认为，这是目前全球面临的三个最大问题，而传统燃油汽车的大量使用是造成这些问题的重要诱因之一。比亚迪始终认为，发展电动汽车将为这一问题的解决找到最好途径。而在这种大环境下，发展电动汽车是一个千载难逢的机遇，有机会颠覆现有的汽车发展格局。2008 年 9 月底，"股神"巴菲特投资比亚迪引起业内的轩然大波。王传福认为，吸引"股神"巴菲特的，正是电动汽车的前景。

成立于 1995 年的比亚迪，目前已发展成世界"电池大王"，控制着全球汽车市场 60% 的镍电池和 30% 的锂电池份额。2003 年，比亚迪正式进入汽车制造领域，目前在国内传统燃油车和新能源汽车领域已经取得了突出的成绩。当时，国外汽车巨头在技术上已经遥遥领先，尤其是传统发动机和变速箱研发模块，对中国汽车行业而言是一个瓶颈，中国汽车企业要想在这方面有所突破比较艰难，代价也很昂贵。而作为全球最大的电池制造商之一，比亚迪拥有电池研发领域的丰富经验。对于电动汽车来说，动力电池是电动汽车的核心部分。比亚迪选择发展电动汽车，可以巧妙地将自身在电池领域的优势与汽车制造相结合。

2009年5月，比亚迪与大众汽车签署《战略合作备忘录》，计划在新能源汽车领域展开深度合作。2009年7月，比亚迪又与湖南环保科技产业园签约，收购美的三湘客车100%股权，并在长沙建设电动客车生产基地。这意味着比亚迪在新能源汽车领域将实现轿车和客车全车系、全方位的发展，实现全方位布局。2010年3月，比亚迪与德国戴姆勒就电动车及其零部件合作订立谅解备忘录，并计划联合奔驰共同打造全新的电动车品牌，这个品牌是介于奔驰和比亚迪之间的一个全新品牌。这个品牌并不是一个合资品牌，而是一个合作模式的品牌，研发的核心系统由比亚迪完成，安全、造型等设计将由奔驰完成。比亚迪电动汽车在赢得国际大型行业合作伙伴方面再次获得重大进展。

（田虹、杨絮飞：《战略管理》，机械工业出版社2011年版，第58－59页。作者对内容有删减。）

第六章　延续鼎盛阶段

乾曰：亢龙，有悔。
坤曰：龙战于野，其血玄黄。
乾曰：用九，见群龙无首，吉。
坤曰：用六，利永贞。

第一节　扩张战略

一、旅（☲☶）

（一）卦的原文

卦辞：旅[1]，小亨，旅贞吉。
初六：旅琐琐[2]，斯其所取灾。
六二：旅即次[3]，怀其资，得童仆贞。
九三：旅焚其次，丧其童仆，贞厉。
九四：旅于处[4]，得其资斧，我心不快。
六五：射雉，一矢亡，终以誉命。
上九：鸟焚其巢；旅人先笑后号咷；丧牛于易[5]，凶。

（二）关键字、词解释

[1] 旅：卦名，《易经》六十四卦之第五十六卦，主卦是艮卦，卦象是山，卦意为止；客卦是离卦，卦象是火。山上被燃起大火，此火极有可能是战火。战火有所止（当止则止）乃为旅卦的核心。

旅：师旅，大规模、长距离的战争，即"九天之战"。丰而旅。一方面，一个国家或组织因丰大、强盛导致其占有欲扩张而发动对外战争；另一方面，一个国家或组织因丰大、强盛而产生了一系列严重的内部问题与矛盾，为了掩盖问题或为了转移矛盾而对外发动战争。作为经济组织企业的扩张亦是如此。旅卦提出了师旅的正当性问题，分析了师旅过程中可能面临的各种危机。

[2] 旅琐琐：国家的战争或企业的扩张不正当、不合理。《象》曰："旅琐琐，志穷，灾也。"

[3] 次：暂时驻扎。

[4] 处：长期驻扎。

[5] 丧牛于易：牛，喻为温顺贤良之德。丧牛于易，在战争的过程中丧失了温顺贤良之德。

(三) 现代诠释与重构

卦辞：因丰大、强盛而发动大规模、长距离战争，只能得到小亨。在战争中只有坚守正道，才能将战争继续下去，才能获得吉祥。

初六：价值观不正确，宗旨错误，发动战争的目的邪恶，战争行为猥琐，战争没有合理与合法性，这是自招灾祸、自取灭亡。企业之间的商战亦是如此。

六二：作战的军队进入敌方国土，在某一地方临时驻扎，当地人在物资方面给予资助，在行动方面在给予协助，为军队提供向导，说明战争具有正当性与合理性，说明该国人民处于水深火热之中，战争可以继续下去。企业的扩张与兼并行为也是如此。

九三：作战的军队进入敌方国土，在某一地方临时驻扎，驻扎的营房被人放火焚烧，当地人不提供协助，不提供物资，不提供向导。在这种情况下，仍坚持将战争进行下去，将十分艰难。

九四：由于对方同仇敌忾、顽强抵抗，双方打得难解难分，战争胶着，军队被迫长期驻扎在敌方的领土上，虽然各种战争物资可从敌方领土上以各种方式获取，但"我"心中还是快乐不起来。

六五：战争取得了胜利，虽然付出了代价，但最终光荣地完成了使命。

上九：敌方宁死不屈，自毁其城池；我方先笑，而后号啕大哭。这是发自内心深处的悲怜与自责自愧。如果在战争中丧失了温顺贤良之德，十分凶险。

二、巽（☴）

(一) 卦的原文

卦辞：巽[1]，小亨，利有攸往，利见大人。
初六：进退，利武人之贞。
九二：巽在床下[2]，用史巫纷若，吉，无咎。
九三：频巽，吝。
六四：悔亡，田获三品。
九五：贞吉，悔亡，无不利，无初有终；先庚三日，后庚三日，吉。
上九：巽在床下，丧其资斧，贞凶。

(二) 关键字、词解释

[1] 巽：卦名，《易经》六十四卦之第五十七卦，主卦和客卦都是巽卦，卦象是风。

巽，师旅之道。巽者，训也，顺也，使之顺也。训而得顺。巽者，风也，风最大的特性是渗透性。训，有宣传、制造舆论之意。宣传战、舆论战、心理渗透战、情报战，是正式战争、扩张、兼并前至关重要的行动，是支撑总战略重要的分战略（亦称战术、策略）。其目的就是要营造一个"理想的"心理情感能量场，在这个场中，某种心理情感能量会取得主导性地位，促使场中的成员（个体、群体、部门）采取某种一致的行动。

巽卦论述的就是大战前的宣传战与舆论战，目的是通过宣传与舆论塑造"理想的"心理情感能量组合形态，通过组织（群体）压力、从众行为、感染提升我方的凝聚力、士气；通过恐吓、谣言等打击敌人的凝聚力、士气，为大战做好思想与心理准备。巽卦论述了宣传与舆论战的作用、路径、原则及应注意的问题。

宣传战与舆论战实际就是造势，不仅战争（商战）需要造势，企业的改革战略（井、革、鼎战略）也需要造势。企业的改革造势可以从两个方面着手，第一个方面是造成心理压力，说明不改革面临的悲惨结局，使企业成员形成有利于变革的心理态势与人性组合形态。第二个方面是向企业成员展示、阐述改革所带来的美好前景。

造势在本质上就是要形成紧迫感，制造一种不平衡的状态。不平衡的状态可以为个人和企业提供采取行动的动力。实际上，人类社会的前进需要两种状态：平衡状态与不平衡状态。不平衡状态提供发展的动力，平衡状态提供休养生息的机会。个人与企业也是如此：在平衡状态与不平衡状态互相交替、互相渗透中前进。不平衡为革命、改革提供动力。

[2] 巽在床下：床下，与床上相对。在古代，主人睡床上，仆人睡床下。床上喻为社会或组织的上层，床下喻为社会或组织的下层。巽在床下，对基层进行宣传战、舆论战。

(三) 现代诠释与重构

卦辞：大战前进行宣传战与舆论战，不仅可以使大事变得亨通顺利，也可以使小事变得亨通顺利，有利于做成想做的事，有利于磨炼出（培养）有才、有德、有位的伟人。

初六：宣传战与舆论战，可以影响，甚至主宰军队的进与退、成与败。成功的宣传战与舆论战有利于将军坚持做想做的事。宣传与舆论具有洗脑与催眠的作用，可以统一人们的思想，塑造有利的人性组合形态，形成"理想的"心理情感能量场。

九二：对基层民众进行宣传，制造舆论，需要利用史官（亦解为祝史）与巫师（亦解为巫觋），他们的言论会被迅速地传得纷纷然，具有极强的传播力、渗透力、说服力与感染力，对战争（或其他重大的行动、事项）的合理化、合情化、合法化、神圣化会起到事半功倍的作用，如此吉祥，没有过错，也不会留下什么后遗症。

九三：反反复复地进行宣传，制造舆论，会有些心虚，会有些不好意思，会有些悔恨，会有些担心。

六四：宣传战、舆论战取得了巨大的成功，获得了丰硕的成果，心虚、悔意、担心、不好意思随之消失。

九五：在进行宣传战、舆论战的过程中，坚守正道，持之以恒，心虚、悔意、担心、不好意思等心理情感能量就会消失，且无往而不利。虽然最初没有什么效果，但最后会取得成果。在进行宣传战、舆论战的过程中，事先要对宣传的宗旨、内容、目标对象、路径、效果及可能遇到的问题进行充分的思考与讨论，以确保宣传战、舆论战顺利进行；事后要对宣传战、舆论战的经验与教训进行充分的总结，为以后的宣传战、舆论战提供动力，如此，吉祥。

上九：在对基层民众进行宣传、制造舆论的过程中，丧失了相关的资源与平台，失去了主导权与判断力，任由事态发展而不加以改变，十分凶险。

三、兑（☱）

（一）卦的原文

卦辞：兑[1]，亨，利贞。
初九：和[2]兑，吉。
九二：孚兑，吉，悔亡。
六三：来兑，凶。
九四：商兑，未宁，介疾[3]有喜。
九五：孚于剥，有厉。
上六：引兑。

（二）关键字、词解释

[1] 兑（duì）：卦名，《易经》六十四卦之第五十八卦，主卦和客卦都是兑卦，卦象是泽，特性是愉快。

兑为泽，为金。金为兵、为战。兑者，战之道。兑，亦有兑现许诺之意。许诺兑现而心悦。兑亦有说服之意。兑，使之兑，即由心理承诺变为行为承诺；由口头承诺、书面承诺、制度承诺变为行为承诺。从心理情感能量感应机制来看，兑是双向的或网络状的。上兑下兑，即上层与下层互相兑现承诺，根据心理情感能量感应原理（机制），相同或相似的心理情感能量互相启发、互相呼应。

为了大战顺利展开，需要进行宣传，营造舆论，即所谓的巽。宣传战与舆论战至关重要的内容就是许诺（承诺）。许诺可以分为价值观（精神）许诺、物质利益许诺、权力许诺、地位许诺、名望许诺、人际关系许诺等。没有许诺（承诺），任何宣传战与舆论战都是无效的或者说收效甚微。许诺（承诺）可以激发人们的欲望与斗志，提高士气、凝聚力、战斗力与效率。许诺（承诺）必须兑现。兑卦论述的就是兑现许诺的重要性、原则、方法及可能存在的问题。

[2] 和：中和、中正、公正。

[3] 介疾：介，非常。疾，快。介疾，非常快。

（三）现代诠释与重构

卦辞：兑现承诺（许诺），使企业（或国家）亨通顺利，有利于将要做的事情继续做下去，有利于企业（或国家）长期生存与发展。

初九：公平、公正、公开地兑现承诺，营造公平、公正、公开、透明、和谐的心理情感能量场，吉祥。这是兑现承诺的第一原则。

九二：诚实无欺地兑现承诺，这是兑现承诺的第二原则，坚守这一原则，吉祥，因各种原因所产生的悔恨也会随之消失。

六三：被人上门要求兑现承诺，凶险。

九四：因某种原因，在兑现承诺时双方讨价还价，会使人们心中感到不快、感到焦虑。非常快速地完成讨价还价的过程，人们心中可能会有些喜悦。

九五：在兑现承诺时不守诚信，双方的矛盾与斗争会十分激烈，怀疑、悔恨、仇恨、愤怒等将在企业心理情感能量场取得主导地位，企业所要进行的事情将十分艰难。

上六：以承诺兑现承诺，吉凶难测。

四、涣（☴☵）

（一）卦的原文

卦辞：涣[1]，亨，王假有庙，利涉大川，利贞。
初六：用拯马壮，吉。
九二：涣奔其机[2]，悔亡。
六三：涣其躬[3]，无悔。
六四：涣其群，元吉。涣有丘[4]，匪夷所思[5]。
九五：涣汗其大号[6]，涣王居[7]，无咎。
上九：涣其血，去逖出[8]，无咎。

（二）关键字、词解释

[1] 涣（huàn）：卦名，《易经》六十四卦之第五十九卦，主卦是坎卦，卦象是水；客卦是巽卦，卦象是风。风吹（激）水动，涣。

涣，激发，即激发人们的归属感、群体性、责任心、义务感、士气、凝聚力、斗志等。巽为宣传，营造舆论。兑为兑现，即兑现在宣传中所许下的承诺。两者有机结合就可以激发人们的归属感、群体性、责任心、义务感、士气、凝聚力、斗志，提升工作效率。涣卦论述了激发人们归属感、群体性、责任心、义务感、士气、凝聚力、斗志的重要性、方法、原则及应注意的问题。

[2] 涣奔其机：机，时机。涣奔其机，在激发人们归属感、群体性、责任心、义务感、士气、凝聚力、斗志的过程中，要抓住时机。

[3] 躬：自身，自己。

[4] 丘：丘民，民众，人民。

[5] 匪夷所思：非常人所能想得到，非常规思维所能想到的。

[6] 涣汗其大号：汗，实际行动。号，号令。涣汗其大号，用实际行动响应君王的号令。

[7] 涣王居：涣，增强。王居，喻指组织。

[8] 去逖出：去，驱，退。逖（tì替），狄，喻指敌、敌人、仇敌。去逖出，打败敌人。

(三) 现代诠释与重构

卦辞：涣，即激发。激发人们的归属感、群体性、士气、凝聚力、斗志，企业（或国家）就会亨通顺利。激发人们归属感、群体性、士气、凝聚力、斗志需要在十分正式、十分庄严、十分神圣的场合，运用十分正式、十分庄严、十分神圣的语言、文字与文件，就像古代的君王遇有重大事件要去神庙祈祷一样。如此，有利于成就大的事业，如战争（商战）；有利于将想做的事长期坚持下去。

初六：激发人们的归属感、群体性、责任心、义务感、凝聚力、士气、斗志可以拯救企业（或国家）于危难之中，可以增强企业（或国家）的力量，吉祥。

九二：把握时机，在关键的时间、关键的地点、关键的事件激发人们的归属感、群体性、凝聚力、士气、斗志，就不会留下什么悔恨。归属感、群体性、凝聚力、士气、斗志，作为心理情感能量是有限的，是可以被耗尽的，必须珍惜，不可滥用。

六三：领导者（中层）激发自己的归属感、责任心、义务感、群体性、同情怜悯心、敬畏心、廉耻心、士气、斗志，就不会有什么悔恨。唯有如此，才能构建一个以自己为中心的、具有强大吸引力的心理情感能量场。

六四：领导者（中高层）把握时机，在关键的时间、关键的地点、关键的事件激发其所辖群体的归属感、群体性、责任心、义务感、凝聚力、士气、斗志，能给群体提供原动力，吉祥。如此，可以得到人民的大力支持，会获得"匪夷所思"的巨大力量。

九五：人们的归属感、群体性、责任心、义务感、凝聚力、士气、斗志被激发出来后，就会用实际行动积极响应组织（国家、企业）最高领导者的号召（号令），从而增强组织（国家、企业）的实力。如此，没有过错，也不会留下什么后遗症。

上九：人们的归属感、群体性、责任心、义务感、凝聚力、士气、斗志被激发出来后，就会不畏艰险、不惧危难，愿意奉献自己的鲜血甚至生命，将敌人击退，战胜敌人（龙战于野，其血玄黄）。如此，没有过错，也不会留下什么后遗症。

本节案例

三星的"巽道"与"涣道"

在知识资本越来越重要的时代,人力资源对企业核心竞争力的创造至关重要。可以说,企业核心竞争力的强弱在一定程度上取决于人力资源的优劣,拥有核心技能而又忠诚于企业的核心员工是企业最重要的资产。三星的管理者重视人才的作用,在三星内部引入危机意识,营造一种"差别"氛围,使三星人清楚地意识到,自身与所追求的世界一流企业的目标相差很远,要实现三星的壮志还有很长的路要走。

一、不断灌输、培育、强化危机意识

20世纪90年代初,李健熙就在三星内部引入了危机意识,提出了"三星是一流企业吗""企业是永久的吗"等一系列问题,并在全体职工中进行大讨论。通过讨论、学习和引导,三星人意识到自己与世界一流企业的差距还很远,只有不断地拼搏和奋进,才能迈入超一流企业的行列,才能真正做到以一流企业来报答社会。

另外,在技术吸收和创新的管理上,三星采用了危机管理的方法。三星给R&D人员下达一个完成任务的最后期限,要求有关的工作小组必须在这个期限内完成任务。此外,三星电子还在国内和美国硅谷同时设立了两个工作小组,它们既互相竞争又互相合作,大大加快了三星电子对引进技术消化和吸收的速度,同时也保证了危机管理的成功。

二、早勤早退制度

李健熙说过,"过度的劳累会萎缩工人的创造力与进取精神,尤其是在电子部门。上班时间的缩短,可节省产品中的直接人工成本,提高产品的竞争力"。从1993年起,三星集团就实行了早勤早退制度,即上午7点上班,下午4点下班,这在韩国是绝无仅有的。另外,三星研究开发中心率先实行的弹性工作时间制度,更是一个比较特殊的做法。这个制度的实施,改善了研究工作的环境,激励了员工,大大提高了工作效率。后来,欧美一些发达国家也渐渐引入了这一制度。

三、创新化班组管理

三星公司班组管理的核心是生动活泼,具有民主性,注重实际效果,注重人的自觉性、主动性与创造性的发挥。班组开展的各类管理活动都与企业的方针、目标及重点工作相联系，充分体现了人人爱岗位、人人爱企业的精神。

三星班组管理重在目标管理。目标管理以表格的形式进行，先将班组的目标（主要是经济指标）确立在历史最好的水平上，每天进行检查和综合评定，使班组在取得成绩时能及时得到领导的鼓励，以激励班组向更高的目标奋斗。

三星班组管理的具体活动内容很多，比如开展全员降低成本活动，有效地抑制了韩国经济不景气给三星公司带来的冲击；实行全员设备管理，充分体现全员参与的意识；开展班组合理化改革、全面质量管理、累计分考核制等。通过这些管理活动，班组这个企业最小的生产组织单位在企业管理中变成了最积极、最活跃、最具创造力的群体。

（案例来源：http://bbs.veryeast.cn/dispbbs.asp?boardID=11&ID=36363）

第二节　节制与中道

一、节（䷻）

（一）卦的原文

卦辞：节[1]，亨。苦节[2]不可贞。
初九：不出户庭[3]，无咎。
九二：不出门庭[4]，凶。
六三：不节若，则嗟若，无咎。
六四：安节，亨。
九五：甘节，吉，往有尚。
上六：苦节，贞凶，悔亡。

（二）关键字、词解释

[1] 节（jié）：卦名，《易经》六十四卦之第六十卦，主卦是兑卦，卦象是泽；客卦是坎卦，卦象是水。《象》曰："泽上有水，节。君子以制数度，议德行。"

节卦的卦象为满溢。由于企业巽道、兑道、涣道成功，企业在"九天之战"（旅，师旅，大规模、长距离的战争）中取得胜利，企业因而变得满溢。如何节制满溢便成了一个战略性问题。个人、企业、国家或其他组织都有可能出现财富、权力、地位、名望等满溢的现象，因此，节卦具有普遍的意义与价值。

节卦提出了六种节制的模式，每一种模式都会产生相应的心理情感能量场，形成某种主导性心理情感能量，产生相应的战略，主导企业与企业成员的心理活动与行为，对企业产生不同的后果。从整体战略的角度来看，节制的根本目的是要达到人性平衡与企业本性平衡。

[2] 苦节：过分的、不合时宜的节制。
[3] 不出户庭：《象》曰："不出户庭，知通塞也。"

[4] 不出门庭：《象》曰："不出门庭，失时极也。"极，机，机会，良机。

(三) 现代诠释与重构

卦辞：节，节制，节制欲望与行为。企业处于"亢龙有悔"阶段，经济丰足、地位稳固、实力强大。但也正因为如此，企业更需要懂得合理节制。只有合理地节制自己的欲望与行为，采取合理的战略，企业才能亨通顺利。不合理、不适当、不合时宜、过分的节制，便是所谓的"苦节"。"苦节"是不正常的节制，违背了人性与企业本性，不可能长期维持下去。

初九：时机不成熟，或者企业自身的各种条件非常不充分，或者机会不是自己想要的，节制自己的欲望与行为，采取维持型战略，没有过错。就如不该出门就不出门一样，没有过错。

九二：时机成熟，自身的各种条件具备或基本具备，机会也正是自己想要的，企业仍然节制自己的欲望与行为，就会错失良机，陷入被动，凶险。就如该出门而不出门，可能会有凶险一样。

六三：企业该节制时没有节制，采取了扩张型战略，导致企业进入了不该进入的领域，做了不该做的事情。如果能够自叹、自悔、自改，就不会留下什么大的后患。

六四：在"亢龙有悔"阶段，企业如果能安然地节制自己的欲望与行为，给新生的力量留足发展的机会与空间，充分照顾利益相关者的利益，并采取相应的战略，企业则会亨通顺利。

九五：在"亢龙有悔"阶段，企业如果能以自我节制为甘、为乐，给新生的力量留足发展的机会与空间，设立创业投资基金，帮助新生力量成长；充分照顾利益相关者的利益，帮助利益相关者达成目标、实现愿望，吉祥。长此以往，会得到社会的尊重，成为社会的楷模。

上六：企业如果对自己的欲望与行为进行不合理的、不合适的、不合时宜的、过分的节制，并采取相应的战略，长此以往，会丧失许多的发展机会，有凶险。如果能知错即改，悔恨便会消失。

二、中孚（䷼）

（一）卦的原文

卦辞：中孚[1]，豚鱼[2]吉，利涉大川，利贞。
初九：虞[3]吉；有它[4]不燕[5]。
九二：鸣鹤在阴，其子和之[6]；我有好爵，吾与尔靡之。
六三：得敌，或鼓或罢，或泣或歌。
六四：月几望，马匹亡，无咎。
九五：有孚挛如[7]，无咎。
上九：翰音登于天，贞凶。

（二）关键字、词解释

[1] 中孚（zhōng fú）：卦名，《易经》六十四卦之第六十一卦，主卦是兑卦，卦象是泽，特性是愉快；客卦是巽卦，卦象是风，特性是顺从、渗透。《象》曰："泽上有风，中孚。君子以议狱缓死。"

中孚，大诚大信。诚信是信与诚的总称，实际上，两者存在一定的区别。信指的是言与行的一致，诚指的是心、言、行的一致。仁、义、礼、智、信，信居第五。言与行一致只是小信，言、行与仁、义、礼、智一致才是大信。同样，心、言、行一致只是小诚，心、言、行与仁、义、礼、智一致才是大诚。仁是仁、义、礼、智、信的核心与基点。仁分为四个层次：自我层（自体层）、群体层、类层、超越层。在不同的情景下，这四个层次的组合形态不同。在进行战争（不管是商战还是军事战争）的过程中，群体层会取得主导性地位，但自我层（自体层）、类层与超越层依然在场。唯有如此，仁方可为大仁。建立在大仁基础上的诚信方可为大诚大信。《中庸》曰："诚者，天之道也；诚之者，人之道也。"此处之诚为大诚。

国家之间进行战争，或企业之间进行商战，不仅需要小诚小信，更需要大诚大信。否则，迟早会出大问题。小信、小诚，凶。大信、大诚，吉。中孚卦论述的就是大诚大信，而非小诚小信。大诚大信具有极强的感应力、感染力、感召力、渗透力与可持续力。《系辞》曰："子曰：'君子居其室，出其言善，则千里之外应之，况其迩者乎；居其室，出其言不善，则千里之外违之，况其迩者乎。言出乎身，加乎民；行发乎迩，见乎远。言行，君子之枢机，荣辱之主，可不慎乎？'"可见，大诚大信是企业构建"理想的"心理情感能量场的基石，是企业战略擘画的第一原则。

[2] 豚鱼：传说中的大泽之中的大鱼，此鱼风起则浮出水面，南风则其口向南，北风则其口向北，从不失则。

[3] 虞：思考、规划、谋划。

[4] 有它：有其他的杂念。

[5] 燕：安，安宁。

[6] 其子和之：《象》曰："其子和之，中心愿也。"

[7] 有孚挛如：挛（luán），紧紧地握住，紧紧地攥住。有孚挛如，指牢牢坚守大诚大信的原则。

（三）现代诠释与重构

卦辞：中孚，即大诚大信。企业如果能同豚鱼一样严格地、虔诚地、一贯地遵守风信，且具有大诚大信的德行，吉祥，有利于企业成就大业，有利于企业长期坚守自己的事业。

初九：企业遇事以大诚大信为原则，仔细考虑，反复权衡，详细规划，吉祥。否则，企业将后患无穷、不得安宁。

九二：大诚大信具有强大的感应力、感召力、感染力与渗透力，有如母鹤在远处或隐蔽之地鸣叫，小鹤则会随声附和；亦如"我"有好酒，好朋友会来与"我"同饮共醉。

六三：与敌相遇，遵循大诚大信的原则，围而不歼，以强大的声势使敌人屈服，或围困使其弹尽粮绝、疲惫不堪而屈服，或以歌声、哭声感化使其放下武器。战争的目的是使敌人屈服，而非杀戮。以仁为本，便是所谓的"用六"（"用阴"）、"用柔"。诚信以仁为本，才是大诚大信。仁者无敌，大仁，不战而屈人之兵。

六四：大诚大信的德行几如满月，即使丢失了如马匹一样珍贵的东西，也没有什么过错，也不会留下什么后遗症。只要拥有大诚大信的德行，丢失的东西迟早会回来，或者得到意外的、超乎想象的其他补偿。

九五：牢牢坚守大诚大信的原则，心系天下，没有过错，也不会留下什么后遗症。

上九：诚信的名声很大，远播天下，但是，虚而不实。长此以往，凶险。

三、小过（䷽）

（一）卦的原文

卦辞：小过[1]，亨，利贞，可小事，不可大事。飞鸟遗之音，不宜上，宜下。大吉。

初六：飞鸟以凶。

六二：过其祖[2]，遇其妣[3]；不及其君，遇其臣，无咎。

九三：弗过防之；从[4]或戕[5]之，凶。

九四：无咎，弗过遇之[6]；往厉必戒。勿用永贞。

六五：密云不雨，自我西郊[7]；公弋[8]取彼在穴。

上六：弗遇过之[9]，飞鸟离之，凶，是谓灾眚。

（二）关键字、词解释

[1] 小过（xiǎo guò）：卦名，《易经》六十四卦之第六十二卦，主卦是艮卦，卦象是山，卦意是止；客卦是震卦，卦象是雷，卦意是动。小过，动作有所止，言行有所止，不可太过。

小过，即小小过度、稍稍过分。小过卦论述了小小过度、稍稍过分的适用场景，分析了原则性与灵活性之间的关系。

[2] 祖（zǔ）：祖父。

[3] 妣（bǐ）：原指母亲，此处指祖母。在远古的母系社会，祖母在氏族中拥有很高的地位。但到西周，祖母的地位早已经被祖父所取代。

[4] 从：纵，放纵，纵容。

[5] 戕（qiāng）：杀害，伤害。

[6] 弗过遇之：遇之弗过。之，事也。

[7] 自我西郊：西，西南，喻平、易、缓、安。自我西郊，指在我的掌控之中。

[8] 弋（yì）：带绳子的箭。

[9] 弗遇过之：与"弗过遇之"（遇之弗过）相对。

（三）现代诠释与重构

卦辞：小过，小小过度，稍稍过分，意指坚守原则，保持动态平衡。企业遇事坚守原则，把握好度，做到动态平衡，则可以亨通顺利，有利于企业的长期生存与发展。在某些小事上，可以稍稍过度；但在大事和原则性的事情上，则不可稍有过度，否则后患无穷。有如飞鸟一样，当飞行的高度达到其能力的限度时，则不宜再往上飞，而要往下飞，如此方可大吉。否则，突破极限，会有大灾。

初六：飞鸟飞行的高度超过其能力的极限，凶险。个人、企业、国家亦是如此。企业的扩张超过其能力的极限，十分凶险，会导致企业突然解体。

六二：家庭是一个由感性主导的、相对简单的心理情感能量场，家庭事务多为情感性的小事，许多家庭事务可以不请示祖父，而只请示祖母，如此没有过错。企业、国家则是由理性主导的、复杂而庞大的心理情感能量场，绝大多数事物都由制度与法律所规范，下级遇事不越级报告与请示，而是向自己直接的主管报告与请示，如此才不会有过错。

九三：如果做事坚守原则，没有超过某种限度，亦需要小心谨慎，心怀敬畏，时时防范。如果放纵，违背原则，则会受到伤害，自食恶果，十分凶险。

九四：要做到没有过错，则需要分清事情的大小、轻重、缓急，分清事情发生的场景，坚守原则，把握分寸，注意动态平衡；不出现过分的大事或原则性问题，就绝不过分。否则，艰难、凶险，对此必须引为戒。如果不违背上述处事原则，则可长久坚守正道，长久拥有自己的事业。

六五：遇事分清大小、轻重、缓急，分清场景，坚守原则，把握好分寸，注意动态平衡，虽然有时看起来极为不妙，有如乌云密布，但还是在"我"的掌控之中，不会出现什么问题。就像王公用带绳子的箭射杀猎物一样，只要射中猎物，猎物终究无法逃脱。

上六：遇事不坚守原则，不分大小、轻重、缓急，不分场景，不把握好分寸，有如飞鸟飞行的高度超过其能力的限度，凶险。这便是所谓的人为的灾祸，咎由自取。

本节案例

"大诚大信"成就了阿里巴巴

阿里巴巴网络技术有限公司（以下简称"阿里巴巴"）于1999年在中国杭州创立。从一开始，所有创始人就深信互联网能够创造公平的竞争环境，让小企业通过创新与科技扩展业务，并在参与国内或全球市场竞争时处于更有利的位置。自推出让中国的小型出口商、制造商及创业者接触全球买家的首个网站以来，阿里巴巴不断成长，成为网上及移动商务的全球领导者。2014年9月19日，阿里巴巴在纽约证券交易所正式挂牌上市；2016年4月6日，阿里巴巴正式宣布已经成为全球最大的零售交易平台。

阿里巴巴在创办之初，就明确了自己的市场定位：不是做一家电子商务公司，而是做一家帮助别人做电子商务的公司。正如其创始人后来所说："在十四五年以前我们确定做电子商务、互联网的时候，我们做了一个很重要的决定，我们是做大企业还是做小企业？我们如果做大企业，可能挣钱容易一点，用那时候最流行的词叫'电子商务解决方案'，如果你搞定大国企，搞定跨国企业，搞一个电子商务很快能挣到钱，你通过公关手段去搞定一个项目，我们认为这不是我们的强项，我们也做不了这个。如果我们认为互联网是世纪最大变革技术，它一定是做昨天做不到的事情，是什么东西昨天做不到呢？就是帮助那些小企业，解放那些小企业的生产力，让那些小企业具有IT的能力。因为我们是15年以前锁定只做小企业，只带小企业，所以导致我们的方向跟别人完全不一样。"

日本企业家稻盛和夫多年来一直强调"利他之心"的经营哲学，阿里巴巴创始人引以为知音。他对稻盛和夫说："我看了您的《活法》，觉得很有意思。我以前最早学习道家哲学，从中明白到了领导力，而儒家思想讲究管理，佛家思想讲究做人，三者合在一起，方为中国文化的精髓。"

以"利他主义"为基础，阿里巴巴形成了自己的企业文化。其愿景是：让客户相会、工作和生活在阿里巴巴，并持续发展最少102年；其使命是，让天下没有难做的生意。其价值观是，客户第一：客户是衣食父母；团队合作：共享共担，平凡人做非凡事；拥抱变化：迎接变化，勇于创新；诚信：诚实正直，言行坦荡；激情：乐观向上，永不言弃；敬业：专业执着，精益求精。

在阿里巴巴的领导者看来，考量阿里巴巴成功的重要准则，不是我们有没有成功，而是我们的客户有没有因为我们而成功。如果我们过早地成功了，客户就不会成功。当然，如果能够做到一起成功是最好，我也成功了、客户也成功了，但是只有一条路的时候，你要放弃什么？那就是放弃自己的利益，让别人先成功。他们认为，这不仅是阿里巴巴独特的商业模式，而且是21世纪做企业的普遍原则。

（案例来源：阿里巴巴集团官网，转引自黎红雷《儒家商道智慧》，人民出版社2017年版，第132–133页。内容有删减。）

第三节　保持清醒的头脑

一、既济（䷾）

（一）卦的原文

卦辞：既济[1]，亨，小利贞，初吉终乱。
初九：曳其轮[2]，濡其尾[3]，无咎。
六二：妇丧其茀[4]，勿逐，七日得。
九三：高宗伐鬼方[5]，三年克之；小人勿用。
六四：繻有衣袽[6]，终日戒。
九五：东邻杀牛，不如西邻之禴祭，实受其福。
上六：濡其首[7]，厉。

（二）关键字、词解释

[1] 既济：卦名，《易经》六十四卦之第六十三卦，主卦是离卦，卦象是火；客卦是坎卦，卦象是水。企业在总体上达到了战略目标为既济。既济卦论述的是企业通往成功的道路上应注意的问题及成功后可能出现的问题。

[2] 曳其轮：曳（yè），拉、牵引，往后拽。曳其轮，即减缓前进的速度。

[3] 濡其尾：濡（rú），沾湿。濡其尾，狐狸渡河，用尾巴对水进行试探，比喻十分谨慎。

[4] 茀（fú）：遮盖物，此处指古代的车帘，泛指不重要的物或事。

[5] 高宗伐鬼方：高宗，商代第二十三位帝王，名武丁，在位时期约公元前1250年至公元前1192年。鬼方，商的邻国，武丁在位时期，曾攻打鬼方，并任用贤臣傅说为相，其妻子妇好为将军。经过长期的战争，最终取得胜利，商朝再度强盛，史称"武丁中兴"。此处喻指企业（或其他组织）在"亢龙有悔"阶段的中兴战略。

[6] 繻有衣袽：繻（rú），濡，即渗漏。袽（rú），旧絮、破布一类的东

西，用来堵塞罅漏。繻有衣袽，意指有备无患。

[7] 濡其首：头埋进了庆功宴的酒（杯）里，喻指被胜利冲昏了头脑。

（三）现代诠释与重构

卦辞：既济，即企业的战略目标在总体上已经达成。如此，企业不仅大事亨通顺利，小事亦亨通顺利，有利于企业长期生存与发展。企业战略目标达成自然是一件吉祥的事。但是，此时，新的问题、新的挑战、新的危机已经悄然出现，企业的领导层要保持清醒的头脑、敏锐的嗅觉，全面、深入、客观地分析企业内外形势，寻找相应的对策，确立新战略目标，酝酿新的战略计划，否则，企业最终会陷入混乱，走向灭亡。

初九：企业在实施战略计划的初期，要格外小心谨慎，减缓前进的步伐，仔细审视每一步，采取试探型战略。这样做没有过错，也不会留下什么后遗症。

六二：在通往成功的路上，丢失（失去）了无关紧要的东西，不要在意，不要浪费时间、精力、人力去寻找，要集中力量办大事。只要大事成功，失去的东西自然会失而复得，或者得到更好的类似的东西。

九三：要实现企业宏大的战略目标，需要长时间的艰难努力。就如殷高宗武丁攻伐鬼方，用了三年才取得胜利。在这个过程中，千万不能任用无德之人。取得胜利后，亦不能任用无德之人。无德之人一旦得势，企业政治生态将会出现严重的问题，仇恨、愤怒、嫉妒、不满、失望将弥漫整个企业心理情感能量场。

六四：在通往成功的路上，要有处理危机的预案（即"冥豫"），要做到有备无患，时时戒备，随时扑灭一切隐患。就像船上要常备堵塞罅漏的棉絮、破布一样，时时观察，发现罅漏，马上堵塞。

九五：由于坚守正道、诚实守信、心系利益相关者，企业宏伟的战略目标终于实现。就如西周，由于坚守正道、诚实守信、心系天下苍生，尽管其祭祀上天的祭品远不如商纣时的殷朝丰厚，但最后上天还是福佑了西周而非殷商。

上六：企业战略目标实现，企业领导层被胜利冲昏了头脑，骄傲自满、刚愎自用，失去了洞察力、判断力与决策力，凶险，正所谓"初吉终乱"。

二、未济（䷿）

（一）卦的原文

卦辞：未济[1]，亨，小狐汔济，濡其尾[2]，无攸利。
初六：濡其尾，吝。
九二：曳其轮，贞吉。
六三：未济，征凶。利涉大川。
九四：贞吉，悔亡；震用伐鬼方，三年有赏于大国。
六五：贞吉，无悔；君子之光，有孚，吉。
上九：有孚于饮酒[3]，无咎；濡其首，有孚失是。

（二）关键字、词解释

[1] 未济（wèi jì）：卦名，《易经》六十四卦的最后一卦，以小狐狸通过近乎干枯的河为喻。未济卦的主卦是坎卦，卦象是水；客卦是离卦，卦象是火。《象》曰："火在水上，未济。君子以慎辨物居方。"

从企业战略的角度来看，未济可以分为两种情况：一是企业在总体上没有达到战略目标，另一种是企业在总体上达了战略目标。就前一种情况而言，未济比较好理解。需要解释的是后一种情况。虽然企业在总体上达到了战略目标，但还有一部分目标并未达到，这些没有达到的目标也许十分重要；同时，企业在总体上达到了战略目标，企业进入新的发展阶段，因而面临新的问题与挑战，新旧问题与挑战迫使企业制定新的战略目标，开始新的战略行动。此为未济。企业的生命就是这样一种循环往复的过程。因此，未济亦可理解为新的开始。未济卦论述了企业实施新战略过程可能出现的问题及相应的对策，提出了企业实施新战略过程应坚守的原则。

[2] 濡其尾：《象》曰："'濡其尾'，亦不知极也。"极，机，机会，时机。

[3] 饮酒：庆功、奖励的指代词。

（三）现代诠释与重构

卦辞：宏大的战略目标在总体已经达成，企业已经进入了新的发展阶段，面临新的问题与挑战；同时，前一阶段仍有许多问题没有解决，此为未济。问题与挑战同时也是机遇，解决这些问题与挑战，企业又会得到进一步发展，变得亨通顺利。解决问题与挑战需要勇气与担当，才能不断前进。如果像小狐狸过近乎干枯的河，弄湿了尾巴就返回岸上，不敢或不愿过河，则会一事无成，没有任何好处。

初六：企业在解决问题与挑战的过程中，如果像小狐狸过近乎干枯的河一样，弄湿了尾巴就返回岸上，胆小怕事、畏首畏尾，不能大胆探索、勇敢前进，则会错失良机，后悔莫及，留下严重的后遗症。

九二：企业在解决问题与挑战的过程中，需要大胆探索，勇敢前进，同时也需要坚守大道、心怀敬畏、小心谨慎，不能盲目地往前冲，要注意前进的速度、节奏、路线与策略，如此，便可吉祥。

六三：企业面临的问题与挑战还没有解决，不能进行新的"征伐"，否则，凶险。企业着力解决自己面临的问题与挑战，有利于成就大的事业。

九四：企业解决面临的问题与挑战需要有一个战略规划，坚持不懈地、随机应变地实施这一战略规划，就会吉祥，悔恨就会消失。解决问题与挑战涉及权力、利益、地位、责任与义务的重新分割与分配，会对企业内外造成巨大的震动，企业领导者应具有"震惊百里，不丧匕鬯"的胆魄，亦应具有殷高宗武丁伐鬼方用了长达三年的心理准备，如此才会取得最后的胜利，得到社会的认可与赞赏。

六五：企业坚守正道，诚实守信，坚持不懈地、随机应变地实施已经制订的战略规划，就会吉祥，就不会有悔恨。就像有德、有才、有位的君子一样，坚守正道，诚实守信，美德光芒四射，吉祥。

上九：经过艰苦的努力，战略规划得以完成，企业面临的问题与挑战得到解决。企业遵守承诺，进行庆功、奖励，如此没有过错。但如果被胜利冲昏了头脑，庆功与奖励便会失去其应有的意义。

本节案例

比亚迪的"既济"与"未济"

一、从零起步到万亿市值

随着中国提出碳达峰碳中和的时间表，国内对于新能源行业的关注达到了前所未有的高度。事实上，早在2004年中国汽车工业刚刚起步之时，绝大多数车企还在考虑如何在燃油车市场活下来，比亚迪就凭借发展的思维和超前行动力，在2008年推出全球首款不依赖专业充电站的双模电动车F3DM，率先实现电动车商业化。

也是在2008年，比亚迪正式提出"太阳能、储能电站和电动汽车"三大绿色梦想，打通能源从吸收、存储到应用的全产业链绿色布局。经过十余年发展，比亚迪如今已建立起一套完整的新能源生态闭环，可提供安全可靠的一站式解决方案与服务，为全球城市提供立体化绿色大交通整体解决方案。

"我们的梦想是通过技术创新，构建零碳、零排放的生态环境系统，使环境更绿色、更环保。"比亚迪股份有限公司董事长兼总裁王传福曾如是说。

太阳能是比亚迪在清洁能源领域的重要布局之一。目前比亚迪在太阳能领域拥有硅片加工、电池片、光伏组件制造、光伏系统等全产业链布局，业务遍布中国、美国、日本等国家。在储能产品领域，比亚迪已成功打入美国、英国、德国等全球多个市场，已为全球合作伙伴提供近百个工业级储能解决方案，全球总销量2.6 GWh。在新能源汽车领域，比亚迪新能源汽车已涵盖私家车、出租车、城市公交、道路客运、城市商品物流、城市建筑物流、环卫车七大常规领域和仓储、港口、机场、矿山专用车辆四大特殊领域，实现全市场布局。截至2022年7月，比亚迪新能源车累计销量超过230万辆，新能源车销量连续9年位居中国第一。

十年如白驹过隙。当发展新型能源上升到国家战略层面，其他企业匆匆入局时，比亚迪早已高瞻远瞩，在市场中成长为一股不可或缺的力量。

二、将技术创新融入企业DNA

除了拥有长远的眼光，技术的深耕也是比亚迪在绿色梦想执行落地的整个过程中获得成功的重要原因。截至2022年6月底，比亚迪在全球已累计申请专利3.7万项、授权专利2.5万项。

另一方面，市场数据也彰显了消费者对于比亚迪技术的认可：仅2022年上半年，比亚迪累计销售新车641350辆，累计同比增长314.90%，获得上半年全球新能源汽车销冠。其中比亚迪汉家族截至2022年7月累计销量已超过28万辆，成为首款达成"均价、销量双25万+"的中国品牌车型。在比亚迪看来，面对当前新能源汽车产业链阻力重重的大背景，技术创新是其实现突破的关键之一。目前，比亚迪建立了十一大研发机构，覆盖材料研究、电子、电池、汽车、新能源、轨道交通、半导体等各个领域，4万多名研发工程师从事各类技术开发，全面支撑比亚迪集团四大产业。

战略指引、问题导向、技术为王、创新驱动是比亚迪发展的基本理念。根据多年的技术积累，比亚迪将技术比作"大鱼"，并建立起自己的"技术鱼池"。当市场成熟且有市场需求的时候,比亚迪随时可以捞一条出来,投放市场实现产业化。此外,在缺芯少电导致很多厂家减产或停产的情况下,较早的全产业链战略布局是比亚迪对抗风险的另一大关键因素。比亚迪同时掌握电池、电机、电控、芯片等新能源汽车全产业链核心技术,尤其在车规级IGBT方面,比亚迪拥有IGBT芯片设计、制造、模组到应用的完整产业链。

三、与全球分享绿色创新成果

作为新能源车研发最早的企业,比亚迪一直以高度的责任感和使命感,坚定不移地推进并引领新能源汽车产业变革。

面对汽车产业百年未有之大变革,2018年比亚迪推出DiLink智能网联系统,开放了341个传感器和66项控制权,首次实现汽车业态从封闭走向开放,为全球开发者和中小企业提供创新创业的平台。

2021年,比亚迪成立了碳排放管控委员会,设置各项工作推进组,年初宣布启动碳达峰碳中和规划研究,受邀参加第26届联合国气候变化大会,率先签署《零排放中、重型车辆全球谅解备忘录》,加速中、重型车辆零碳发展。

2022年3月,比亚迪正式宣布"停燃",成为全球首个正式宣布停产燃油汽车的车企,未来在汽车板块将专注于纯电动和插电式混合动力汽车业务;7月21日,比亚迪再放"大招",凭借优质的产品与优秀的运营表现,获得了日本客户与民众的广泛肯定和支持,积累了良好的市场基础和品牌口碑,继商用车之后宣布正式进入日本乘用车市场,并亮相元PLUS、海豚和海豹三款车型。

如今,比亚迪新能源汽车足迹遍布全球六大洲、70多个国家和地区,超过400个城市。正如王传福所言,比亚迪正与全球消费者分享绿色科技创新成果,持续加快国际化进程,助力各个国家和地区治理空气污染、实现碳中和的同时,走出了一条从自主创新到全面开放的创新之路。

同时,比亚迪面临着一个重大的问题与挑战:废旧电池及其相关产品的回收与处理。这个问题处理不当,将给环境造成致命伤害。

(案例来源:https://baijiahao.baidu.com/s?id=1741361020482940607&wfr=spider&for=pc.,作者对案例的内容进行了删改。)

参 考 文 献

[1] 金景芳. 周易讲座 [M]. 桂林：广西师范大学出版社，2005.

[2] 蒋凡. 周易演说 [M]. 长沙：湖南文艺出版社，1998.

[3] 张吉良. 周易哲学和古代社会思想 [M]. 济南：齐鲁书社，1998.

[4] 王弼. 王弼集校释（上、下）[M]. 3版. 楼宇烈，校释. 北京：中华书局，1998.

[5] 傅惠生. 周易 [M]. 济南：山东友谊出版社，2000.

[6] 南怀瑾. 南怀瑾选集第三卷：易经杂说/易经系传别讲 [M]. 上海：复旦大学出版社，2006.

[7] 陈鼓应. 易传与道家思想 [M]. 北京：生活·读书·新知三联书店，1996.

[8] 孙武. 十一家注孙子校理 [M]. 北京：中华书局，1999.

[9] 朱谦之. 老子校释 [M]. 北京：中华书局，1987.

[10] 夏延章，唐满先，刘方元. 四书今译 [M]. 南昌：江西人民出版社，1996.

[11] 波特. 竞争战略 [M]. 2版. 郭武军，刘亮，译. 北京：华夏出版社，2012.

[12] 波特. 竞争优势 [M]. 陈小悦，译. 北京：华夏出版社，2005.

[13] 波特. 国家竞争优势（上、下）[M]. 2版. 李明轩，邱如美，译. 北京：中信出版社，2012.

[14] 黎红雷. 儒家商道智慧 [M]. 北京：人民出版社，2017.

[15] 田虹，杨絮飞. 战略管理 [M]. 北京：机械工业出版社，2011.

[16] 徐飞. 战略管理 [M]. 4版. 北京：中国人民大学出版社，2019.

[17] 王方华，吕巍，陈洁. 企业战略管理 [M]. 2版. 上海：复旦大学出版社，2010.

[18] 唐雄山. 人性平衡论 [M]. 广州：中山大学出版社，2007.

[19] 唐雄山，王伟勤. 人性组合形态论 [M]. 广州：中山大学出版社，2011.

[20] 唐雄山，罗胜华，等. 组织行为动力、模式、类型与效益研究：以

佛山市妇联为主要考察对象［M］．广州：中山大学出版社，2013．

［21］唐雄山，等．组织改革与创新：以佛山市社区（村）妇代会改建妇联为研究样本［M］．广州：中山大学出版社，2017．

［22］唐雄山，余慧珍，郑妙珠，等．家庭心理情感能量场研究［M］．广州：中山大学出版社，2019．

［23］唐雄山，吕向虹，李远辉，等．组织行为学［M］．北京：中国铁道出版有限公司，2020．

［24］唐雄山，甘燕飞，陈晶瑛，等．企业心理情感能量场［M］．广州：中山大学出版社，2022．

［25］张文昌，曲英艳，庄玉梅．现代管理学（案例卷）［M］．济南：山东人民出版社，2004．

后 记

一

据传说，先天八卦是由伏羲所作，后天八卦是由周文王所作。在此，我做出以下猜想与演绎。

羲，是远古的大型动物，数量多、肉质肥美，但是捕获的难度极大。为了有效地捕获羲，远古部落的聪明首领便总结狩猎的经验与羲的特性，充分利用各种地理条件与天气气象，或模仿自然现象，创造条件，进行合理的人员安排，这样便逐步形成了捕获羲的分工合作流程图，即所谓的先天八卦图。

当部落首领具有极高的权威时，人们会听从首领的人员安排，一部分人到某些特定的地点（如山崖、河泽、风口）去蹲守，利用有利的自然条件猎杀动物；一部分人到特定的地点（坎）布置陷阱；一部分人到特定的地点去燃起火堆，阻止动物通过；一部分人到特定的地点去制造巨大的响声，对动物进行恐吓；一部分人负责直接驱赶动物，这些人要十分强壮、灵活、胆大、勇敢，干劲十足；一部分人坐镇后方，负责后勤，虽然这些人主要是部落中的老、弱、幼，但他们的工作十分重要。

先天八卦每一卦有三爻，并非每一项任务就安排三人，三爻只是人员安排的符号，可能少于三人，也可能远远多于三人。

在远古时代，各个部落都有自己的狩猎分工合作流程图，其中最有效、最著名且流传下来的便是伏羲的分工合作流程图。这些分工合作流程图亦用于部落之间的战争。

一般来说，部落首领会根据任务的难易，对现有的人力进行合理安排。当部落首领权威不够时，抽签是人员安排的一种选择。但这样狩猎的效率会大大降低，给部落生存与发展带来凶险。战争更是如此。

狩猎大型动物（或战争）本身风险极大，吉凶难料，人们需要寻求神秘力量的保佑，这是占卜的原始动因。同时，人员安排合理与否（抽签方式的人员安排难以合理）也是风险大小、吉凶、祸福至关重要的变量，关系部落的生存与发展，也关系到个人的生死、安危，这便是"卦中求祸福"的原始

后　记

动因。

周文王被囚七年之久，在此期间，他将后天八卦衍生为六十四卦，并作卦辞与爻辞（部分卦辞与爻辞是周文王回周后作，或由他人所作），为以后西周的稳定与发展提供战略与策略指导。卦辞与爻辞多用隐喻与暗语，以防止天机泄露。姜太公在战略与策略传达、情报收集方面起了十分重要的作用，深得周文王的信任。因此，《易经》体现了宏大的战略擘画与战略述事，也是西周诞生到强盛的发展史。

二

《易经》是由符号与比喻、隐喻、暗语写成的，为人们从不同角度进行解读提供了巨大的空间。本书的视角与解读也只是其中之一。在解读的过程中，我心怀忐忑，担心不能自圆其说，无法一以贯之，出现逻辑结构混乱。直到第六十四卦解读完成，我悬着的心才算落地。该书是"我诠《易经》，《易经》诠我"的结果。书中的企业是 X 或 Y。

从总体上来看，本书对《易经》的解读逻辑顺畅，视角与主题一以贯之，对绝大多数卦辞及其爻辞的解读自然、合理。但依然有极少数卦辞及其爻辞的解读显得有些牵强。这也许是无法避免的问题。

每一节后面的案例是对《易经》进行现代诠释与重构的重要组成部分，但寻找相匹配的案例是一个十分艰难的过程。案例不仅要与该节所展示的企业所处的发展阶段相符，还得与该章的某个卦相符。由于寻找相匹配案例难度较大，所以，有些案例只能退而求其次：与该节某个卦相符即可。

三

《易经》《老子》《庄子》被称为中国哲学"三玄"。2005 年，拙著《老庄人性思想现代诠释与重构》由中山大学出版社出版，书中系统、详细论述了我对老庄人性思想的理解。此后，《易经》便成了我关注与研究对象，但一直没有找到一个合适的突破口。由于对《易经》反复研读，我曾经想写一本名为《一日一卦日日卦：〈易经〉与心灵导引》的专著，并列了十分详细的提纲。但是，由于知识与生活积累有限，一直无法动笔。

时间来到 2021 年，离《老庄人性思想现代诠释与重构》出版已经有 16 年了。在这 16 年里，我的生活阅历与生活经验大大丰富了，这是加深对《易经》理解的重要前提。同时，在这16年里，由于工作的需要，我先后教授了"管理学""组织行为学""战略管理""社会学""工商管理前沿"等课程，并出版了《组织行为学原理》《人性平衡论》《人性组合形态论》《现代管理学原理》《组织行为动力、模式、类型与效率研究》《社会工作理论与方法本土化》《组织改革与创新》《湛若水的治国之道》《家庭心理情感能量场研究》《企业心理情感能量场》等著作，知识面的拓展使我最终找到了我认为解读《易经》最恰当的切入点：心理情感能量场与战略擘画。2021年至2023年，我以心理情感能量场与战略擘画为切入点（或视角），对《易经》在企业创业与守业中的作用进行了系统、详细的诠释与重构。

本书的出版也算是完成了笔者多年来的心愿，由于笔者水平有限，书中难免存在一些问题与不足之处，敬请广大读者批评指正。

唐雄山
于佛山怡翠馨园无心斋
2023年12月20日